地域は物語で10倍人が集まる

コンテンツツーリズム再発見
Rediscover Content Tourism

増淵 敏之 編著
安田 亘宏
岩崎 達也

溝尾 良隆 著
中村 忠司
風呂本 武典
石橋 正孝
毛利 康秀
清水 麻帆
菊地 映輝

生産性出版
生産性を高める

はじめに

コンテンツツーリズム研究が本格的に活発化しはじめたのは、２０１０年以降のことになるだろうか。もちろん、それ以前にもいくつかの論考が提示されてはいた。しかし、状況を牽引することになったはじまりは、アニメツーリズムであった。コンテンツツーリズムは本来は、コンテンツ全般に誘発された観光行動を考察する学問領域であるが、広義でとらえると食文化や歴史などにも拡張できる。つまり、アニメツーリズムはあくまでコンテンツツーリズムの一領域であるということは押さえておきたい。

また、昨今ではテクノロジーの進展により、バーチャルでの観光体験なども耳目を集めるようになってきており、観光行動そのものもリアルをベースとしたものだけではなくなってきた。特に２０２０年初頭から拡大した新型コロナウィルスの影響で外出がむずかしくなってきたという状況により、バーチャルでの観光行動はより注目されることになった。

しかし、考えてみるとＲＰＧ（ロールプレイングゲーム）などではすでに疑似観光の要素が盛り込まれているものもあり、ゲームからユーチューブなどの動画共有サイト、そして近年、注目されてきたオンラインツアーなども研究の対象に入れざるを得ない時代になったとも言える。

本書はそういう状況の変化も織り込みながら、コンテンツツーリズム研究の新たな展開を射程に入れて、一時期、研究が狭隘《きょうあい》に陥りつつあった状況からのさらなる展開と、とらえてもいいだろう。ある意味では、本来的なコンテンツツーリズム研究の可能性を模索するものである。ただし従来、盛んになった地域振興と結びつけての研究を否定するものではない。もちろん、それはそれで、重要なコンテンツツーリズムのひとつのアプローチである。

ただここ数年のアニメを中心にした研究者たちの努力もあって、「聖地巡礼」という言葉も一般に認知されたことも事実だ。コンテンツツーリズムはどうかと言うと、まだその段階には至らない。この点には留意すべきであろうし、さらに一層の研究蓄積が必要だろう。もちろん産学官でのスキームでの研究も望まれる。やはり観光やコンテンツは産業的な視点が必要であり、また、地域創生と結節させるためには、自治体や地域のアクターとの意見交換なども極めて重要だ。

新型コロナウィルスの影響は、おそらくそのスキームの重要性を示していくに違いない。つまり、研究者一人ひとり、あるいは研究者たちの観点からのみの議論では、机上の空論と化すことも十分に考えられる。コンテンツツーリズム学会も、このスキーム構築の一助となればと考えている。おそらく現在は、従来の産業システムや企業一つひとつのあり方、そして地方のあり方までも変容させていくだろう。すでに経済は全世界的に未曽有の不況に直面しているわけであり、ZOOM(以下、ズーム)などのオンラインコミュニケーションの方法も定着してきたことからも、大きな転換期に至ったとも言える。

ところで、新型コロナ禍は、コンテンツツーリズムにとっても移動の制限をともなう結果となり、観光全般にも多大な影響を与えている。これによって観光のあり方そのものの変化が生じることにもなろう。その中でのコンテンツツーリズムの議論も、必要になっていくに違いない。確かにここ数年、観光の活発化が顕著で、特にインバウンド観光が注目されてきたが、同時にオーバーツーリズムの問題も顕在化した。立ち止まって、冷静な議論を行う時期になったということでもある。もちろん、日本でもここ数年、ビザの緩和、ＬＣＣ(格安航空会社)の普及によってインバウンド観光客が急激に増えた。しかし、観光事業にはリスクがともなうということも、今回の新型コロナ禍で明らかになった。

しかし、コロナ禍のさなかに驚いたのは劇場アニメ『鬼滅の刃 無限列車編』の大ヒットだった。この作品はもともと『少年ジャンプ』(集英社)に２０１６年の11号から２０２０年の24号まで連載されたマンガ作品である。劇場アニメ公開中に単行本は最終巻の23巻が刊行され、初版の発行部数が３９５万部となり、シリーズ累計で１億２０００万部に達した。

劇場アニメに先駆けてテレビアニメ化もなされ、また、劇場アニメも２０２０年12月28日に公開から73日間で興行収入歴代１位の『千と千尋の神隠し』(２００１年)の３１６億８０００万円を19年ぶりに塗り替えたことが報道された。

このブームは、コンテンツツーリズムに少なからずの影響を与え、正確な関係性はオフィシャルには明確化されていないにもかかわらず、「宝満宮竈門神社」(大宰府)、「八幡竈神社」(別府)、「溝口竈神社」(筑後)が主人公、竈門炭治郎の姓と同じなどの理由でファンの訪問が活発化した。またそれ以外でも天石立神社(奈良)の一刀石、芦ノ牧温泉(会津若松)、甘露寺(紀ノ川)、和氣神社(和気)など、作品の舞台や登場人物と関連づけられるところが、にわかに注目された。

場所を探す観光行動としては最もピュアな形で、それぞれの創造力の赴くままにファンは、さまざまな場所に足を向けた現象として重要な事例になるに違いない。クロスメディアの手法が、最も効果的に機能した事例とも言えるだろう。

さて、そういう意味でも、本書の立ち位置は明確化されたとも言えよう。新たなコンテンツツーリズムへの展望がさまざまな研究者の論考によって、構成されている。観光やコンテンツに興味のある方はもちろんのこと、文化や社会の今後の動向に関心のある方も含め、わかりやすい教養書になるのではないかと考えている。ご一読いただければ幸いである。

２０２１年2月吉日

コンテンツツーリズム学会 会長　増淵敏之

目次

地域は物語で「10倍」人が集まる

03
経済と文化継承に貢献する
ゲームがいざなう「刀剣を巡る」旅
文化装置としての『刀剣乱舞』

06

計画的に観光客を招く

経済効果は数百億円！ 大河ドラマが呼び水に

観光名所となった九度山町、浜松市、玉名市

07
息の長さで勝負する
有力な観光資源を宝物として守る

08
観光業界に風を吹かせる
映画ロケ地が「誘客」「感動」の源泉として注目

09 コンテンツの魅力を伝える
聖地巡礼への扉を開く古典的名著
推理小説「シャーロック・ホームズ」と「江戸川乱歩」の功績

01

芸術文化を楽しむ

「作家のゆかりの地」「作品の聖地」から時代を歩く

作家エーリッヒ・ケストナーが暮らした地を訪ねて

文学の枠を超え映画化も。愛され続ける作家とその作品

コンテンツツーリズムの文脈で、エーリッヒ・ケストナー（以下、ケストナー）に関することを書いてみようと思う。私は子どもの頃に熱心にケストナーの本を読んではいたが、独文科を出たわけではない。しかし、数年前に多少、興味があって再読し、ケストナーに関する評伝を数冊読んだところで、実際にゆかりの地を訪れてみたいという気持ちにかられた。これも一種のコンテンツツーリズムの動機に通底する衝動だ。

ケストナーは世界の文学史上でも、大きな足跡を残した作家であることは周知のところであるだろう。特に児童文学という領域での活躍がクローズアップされるが、『ファービアン』（1931）などの大人向け小説や『人生処方詩集』（1936）、『ケストナーの終戦日記』（1961）など、他の領域での作品も愛読されている。

また、彼の作品は文学の枠組みを超え、代表作でもある『エーミールと探偵たち』（1929）は1931年の初映画化以降、ドイツ以外の国も含めて合計9回も映画化されている。日本でも『飛ぶ教室』（1933）は舞台化、『ふたりのロッテ』（1949）はアニメ化、ミュージカル化されている。光村図書出版から刊行されている児童文学の総合誌にも、『飛ぶ教室』のタイトルがつけられている。いまだに世界中に、根強いケストナーの作品のファンが世界中にいるということが理解できるだろう。

さて、コンテンツツーリズム研究も２００７〜２００８年頃に活発化したわけだが、渡辺裕（２０１９）が指摘するように、どちらかと言うと、アニメ作品が研究の中心になり、地域の活性化の文脈で議論されることが多かった。

換言すれば、観光行動によって生じる経済的な側面が重要視されてきたと言えよう。しかし、学問領域として成熟していくためには文化的側面からのアプローチも当然、必要だろう。コンテンツツーリズムは、「作品と作家などの人を巡る」という両義性が存在しているわけである。

ときには、そのふたつの要素がミックスすることもしばしばだ。それゆえに、ケストナーについて書いてみようと考えた。幸い２０１８年３月に、『ふたりのロッテ』を巡る旅を実施し、その機会にケストナーミュージアムのあるドレスデンまで足を延ばした経験がある。もちろん日程も限られていたので、すべてを網羅することは叶わなかったが、ただ作家を巡るコンテンツツーリズムを考えるうえではいい契機になった。

作品の舞台を尋ねてみたいという人々の欲求

彼は１８９９年にドイツ・ドレスデンの貧しい家庭に生まれるが、努力を重ねて大学まで進む。新聞記者を経て、ベルリンで詩人として認められる。先述した『エーミールと探偵たち』で成功を収め、それ以降、『飛ぶ教室』などの児童文学の作品を執筆した。ナチス政権下で出版を禁じられたが、執筆は続け、戦後は西ドイツペンクラブ初代会長を務め、１９６０年には『わたしが子どもだったころ』（１９５７）で国際アンデルセン賞を受賞した。ドイツ以外にもファンは多く、世界的な作家とも言えるだろう。そして、１９７４年にその生涯を閉じた。

彼に関する評伝は母国であるドイツをはじめとして日本でも数冊、刊行されている。私生活では独身を貫いたケストナーだが、生涯のパートナーとしてルイーズロッテ・エンダーレがいた。ただふたりの関係がすべて順調に推移したわけでもない。『ふたりのロッテ』（１９４９）の主人公、ロッテとルイーズは彼女の名前を取ったとのことだ。

先述したように『エーミールと探偵たち』『飛ぶ教室』などは、世界的な児童文学の定番と言ってもいいだろう。現在でも世界各国の子どもたちに支持されている作家の一人だが、彼の児童文学作品は、一貫して困難に直面しても希望を失わずに前向きに生きていこうというポリシーで書かれている。ゆえに多くの人々の共感を集めている。そして世界中で長く読み継がれている。

代表作の多くは画家、ヴァルター・トリアーが挿絵を描いていることも有名だ。ここではあくまでコンテンツツーリズム研究の一環として執筆であり、観光行動の動機としてのケストナーである。彼の作品という位置づけになるため触れないが、ケストナーに関しては多くの評伝がある。

ナチスに抵抗した作家として紹介しているものもあるし、彼の生い立ちの謎、複雑な女性関係に焦点をあてたものもある。また、彼の作品の舞台は多岐に渡っているというのも特徴だ。たとえば、『エーミールと探偵たち』ではドレスデン、ベルリン、『飛ぶ教室』ではキルヒベルグ、『ふたりのロッテ』ではウィーン、ミュンヘンである。もちろん執筆した時期もそれぞれ違うし、作品の舞台の場所に行っても当時と現代では随分と違っているが、多くの人がそれらの舞台を訪ねてみたいと願っていることだろう。

これはコンテンツツーリズムという狭義の観光行動のみならず、観光行動一般について言えることでもある。つまり、現在の風景を通じて、かつての風景を探し出すという行為も、コンテンツツーリズムの魅力のひとつでもある。おそらく日本でも1981年に創刊された光村図書の児童文学誌の名前も『飛ぶ教室』だったり、それぞれの作品もミュージカル化、演劇化もなされている。

こうした点からもケストナーは、日本においても浸透している海外の作家のひとりだと言える。もちろんウェブ上のブログなどを見ていてもわかるが、意外なほど多くの人々がケストナーのゆかりの地、作品を巡っていることが、そのひとつの証明でもあるだろう。

コンテンツツーリズムには、ふたつの側面がある。作者本人のゆかりの地、そして作品個々の聖地が対象となっている。ただし近年、日本でムーブメントを起こしたアニメに関して言えば、あくまで作品の聖地巡りに終始する傾向が強い。

これはアニメツーリズムの特徴として、とらえてもいい。アニメではオリジナル作品の場合に、この傾向が顕著であり、マンガ作品のツーリズムに通底する部分がある。このふたつの領域が作家のゆかりの地を巡ることなど、いくつかの特殊な例を除いて行われることはない。

特殊な例とは何かと言えば、豊島区が力を入れているトキワ荘がこれに当たるであろう。トキワ荘の話をすると、まず、1953年、新築間もないアパートに手塚治虫が転居してくるところからすべてがはじまる。しかし、手塚本人は2年足らずで転居するが、寺田ヒロオ、藤子不二雄、石ノ森章太郎、赤塚不二夫などの新人マンガ家が住んだことで知られている。

それでは音楽はどうだろうか。音楽は作品の中に描かれる場所を巡る観光行動も成立しているが、海外のビートルズ聖地巡礼は彼らのゆかりの地をリバプール、ロンドンで巡る傾向が目立つようだ。もちろんメンバーだったジョン・レノンを巡るツアーも同様だ。ただ楽曲の中に登場する場所を巡る人たちもいる。

日本の音楽ツーリズムは、どちらかと言うと、作者(ミュージシャン含む)のメモリアルな場所を巡るケースが多い。たとえば、彼らのメジャー前に演奏していたライブハウス、出身校、墓地、記念館などだ。ただアニメやマンガの聖地巡礼に比べると、熱心なファンに限られるようだ。アニメやマンガの聖地巡礼は日本においては浸透してきているし、海外からの巡礼客も増えている。

映画は作品のロケ地巡りが中心だが、それに付随して監督や俳優のゆかりの地を訪ねるケースもある。やはり映像作品に関して言えば、作品の舞台を巡る形の方が一般的だ。これはマンガ作品が実写化、アニメ化することで作品の舞台を巡ることにも通底する。

さらには、小説の映像化もその傾向にあると見てもいい。つまり、近年のクロスメディア化がコンテンツツーリズムに果たした影響は少なくはない。もはやコンテンツを単体でとらえる時代は終了し、融合して全体のコンテンツを創っている。

いずれにせよ、単体のコンテンツには作者か、作品かという二極のいずれかへの偏重という特性があるが、クロスメディア(ひとつの情報を複数の異なる種類の媒体を横断的に利用して伝達すること)的に見ていくと、もっと複雑になる。しかし、コンテンツツーリズムの集客の動機としては、やはりこの二極が重要であることには変わらない。

離ればなれの双子の出会いからはじまる小説『ふたりのロッテ』

『ふたりのロッテ』は、ケストナーが１９４９年に発表した小説だ。物語はオーストリアのケーニッヒ湖畔にある「こどもの家」には、毎年夏になると多くの子どもたちが国内各地からやってくる。夏休みを過ごすサマーキャンプに参加するためだ。

物語では、ウィーンからはルイーゼ、ミュンヘンからはロッテがやってくるわけだが、そのサマーキャンプ中にお互いがあまりに似ていることで仲良くなる。この主人公の名前は、ケストナーのパートナーだったルイーゼロッテ・エンダーレの名前を半分にしてつけていることは、ケストナーファンにはよく知られている。

彼女たちの父親、パルフィー氏はウィーン在住の音楽家であり、母親のケルナー夫人はミュンヘン在住の新聞社の記者をしているが、離婚をしていた。ルイーズとロッテは生まれた日、場所も同じだということで双子だと気がつき、両親がシングルファーザー、シングルマザーになった経緯を知ることになる。

そしてふたりは自分たちの両親がどういう生活を送っているのかを知るために、髪型もお互いに入れ替え、相手に成り済まして、お互いの家に行くことにし、状況を伝えあった。しかし、ロッテの病気でふたりの入れ替わりが発覚し、それを機に両親は再婚することになる、というお話だ。

この作品はもともと戦前にナチス当局に追われていたケストナーが、映画の脚本として書いたものである。発表後、多くの人々に読まれたことで、演劇、映画、アニメなどの作品にもなっている。日本では、1991年に日本テレビ系『三井不動産アニメワールド』枠で放送されたアニメ『わたしとわたし ふたりのロッテ』がよく知られているように、日本の子どもたちにも馴染み深いものになっている。

ということで、まずは、ルイーゼが住んでいるウィーンを訪ねてみよう。

ルイーゼは父親とウィーンで暮らしているのだが、原書ではローテンツゥルム通り――日本語に訳すと赤い塔の通りということになる。この通りは実際にあって、シュヴェーデンプラッツ駅からシュテファン大聖堂まで続く、比較的大きな通りだ。

この通りの両側は、商店や有名なスウィーツなどの飲食店が立ち並んでいる。また、父親はウィーンのオペラ座のカペルマイスターであるため、ここが彼の仕事先になる。オペラ座管弦楽団の指揮者であり、作曲家でもあるので作品の中に何度かこのオペラ座が登場する。また、父親は別の場所にアトリエも持っており、原書ではケルントナーリングの環状通りにある。オペラ座の前をトラムが走っている通りのことだ。

ウィーンで最も印象的なのは、同じケルントナーリングにあるホテルインペリアルだろう。このホテルはウィーン楽友協会の隣にあり、日本語ではインペリアルホテルと訳される。ルイーゼはここのレストランで、大好物のオムレツを最低でも5個食べるというエピソードが書かれているが、オムレツとはいっても日本のそれとは趣きが違う。ドイツ語では「gefüllte Eierkuchen」という食べ物だ。リンゴ、ブラックチェリー、イチゴなどの果物と大好きなソースをフィリング(gefüllteは、中に詰めたという意味）として選べるポピュラーなパンケーキの一種である。

このようにウィーンには、『ふたりのロッテ』に所縁のある場所が実在している。しかし、ケストナー本人の足跡は年譜上では、1937年に彼の作品の重要な挿絵画家であるトリヤーがオーストリアに来たため、日帰りの国境往来をした記録が残っているくらいで、居住したという経歴は見つからない。

つまり、ケストナー本人を巡る旅の材料はあまりない。ウィーンはあくまで『ふたりのロッテ』の舞台巡りの旅が最適であろう。そして戦後、ケストナーはそれまで住んでいたベルリンやその周辺ではなく、第二次世界大戦後はミュンヘンに居住し、そこで一生を送ることになる。

作家ケストナーが後半生を送った街「ミュンヘン」

『ふたりのロッテ』のもうひとりの主人公、ロッテは母親とミュンヘンで暮らしている。この作品ではウィーンに比べて、意外と雑駁《ざっぱく》に舞台設定がなされている。ロッテに代

『ふたりのロッテ』
エーリヒ・ケストナー（作）高橋健二（訳）／岩波少年文庫
最初は映画の脚本として書かれたものだが、後に、演劇、映画、アニメ化されている。

わってミュンヘンにやってきたルイーズが着くのは、ミュンヘン駅だ。現在もウィーンからの高速鉄道が着くので、これは多分、ミュンヘン中央駅ととらえてもいいだろう。ただしこの駅は、戦災に遭っているので、戦前とは趣きが違うはずだが、ドイツで最大の折り返し駅なので、列車がこの駅で行き止まりになる点はおそらく『ふたりのロッテ』の頃と変わっていないはずだ。

ロッテはカール門近くのノイハウザー通りにあるオーバーポリンガーというデパートで、母親にエプロンを買ってもらうのだが、このデパートも実在している。

また、母親が勤める新聞社「ミュンヘン画報」(MuenchnerIllustrieete)も戦前までは存在していたようだ。

さて、母親の住まいは少々、厄介だ。作中のマックス・エマニュエル通りは、現在のミュンヘンには存在しない。家の近くに精肉店があるとされているが、この店はこの通りとプリンツ・オイゲン通りの角にあるとされており、こちらの通りはミュンヘンの北にあるシュヴァーヴィングに実在している。マックス・エマニュエルというのは、17~18世紀に実在したバイエルン公の名前なので、マクシミリアン通りがあることから考えても、実際にあっても不思議ではない。

さて、作品所縁の地を巡る旅もおもしろいのだが、ミュンヘンはケストナーが後半生を送った街でもある。彼がルイーズロッテと亡くなるまで過ごした家は、ヘルツウォーグ公園の近くのフレミング通りに残っている。家にはケストナーの銘版も埋め込まれている。ただケストナーはベルリン時代からカフェで原稿を書く習慣があり、ベルリンではカフェオン、カフェカールトンなどがお気に入りの店として知られている。

ミュンヘン大学から北に広がるシュヴァーヴィングにケストナーも足を向けていたのか、そこに彼の名前を冠した通りがある。エーリッヒ・ケストナー通りという。カフェの多い通りで、おそらくこの中のどこかのカフェに、彼が訪れていたのかもしれない。確かに彼の家からも散歩がてら行ける距離だ。

彼の墓はミュンヘンの高級住宅街であるボーゲンハウゼンにある聖ゲオルゲ教会にあり、籍を入れないままだったルイーゼロッテとともに眠っている。ちょうどトマス・マンゆかりのトマス・マン・アレイからも遠くない。ケストナーのほかには作家オスカー・マリア・グラーフ、映画監督ライナー・ファスビンダーらがここに眠っているが、みな墓は華美なものではない。

シュヴァーヴィングも興味深い場所だ。現在でもミュンヘン大学(正式名称はLudwig-Maximilians-Universität München)などの大学がいくつかあり、周辺にはカフェが点在している。「学生街の佇まい」

ケーリッヒ・ケストナーの墓

1899年にドイツに生まれたケストナーは1974年にこの世を去った。ミュンヘンの「ボーゲンハウゼン墓地」に眠る。
筆者撮影

とても言えばいいのかもしれない。このエリアは昔から外国に対して開かれた気風であり、「ユーゲント・シュティール」と呼ばれ、花開いた。19世紀末から20世紀初頭にかけて萌芽したこのムーブメントは、アールヌーボーと同じ意味で、ユーゲントは若さ、シュティールは様式を意味するドイツ語である。絵画、彫刻、建築、室内装飾、家具デザイン、織物、印刷物、そして文学や音楽までにも波及した。多くの作家、画家などが居住し、前掲のマン、クレー、カンディンスキー、リルケ、カロッサなどがこのシュヴァーヴィングに居住したとされる。

シュヴァーヴィングは、かつては人と人が出会い、同好の士が集い、共創に向かう場所であったのかもしれない。しかし、その流れは途絶えず現在に継承されているように見える。ミュンヘンは人口約150万人のバイエルン州の州都であり、昔日のバイエルン王国の首都でもあった。第二次世界大戦の際には空襲にも遭遇しているので、ケストナーが『ふたりのロッテ』を発表した時期は、戦後の復興期初頭に当たっている。

つまり、ミュンヘンはケストナーに関して言えば、作品を巡る旅と作者を巡る旅が交錯する都市である。これがコンテンツツーリズムの奥深さと言えばいいのだろうか。この観光行動は表層のみではなく、作品や作者を通して、深いところまで遡上していく過程が最もおもしろい。探すという行為から真実に迫っていくということの緊張感、これが人々を旅に向かわせるのではないのだろうか。

ウィーンもそうだが、ミュンヘンも奥深い都市だ。そしてシュヴァーヴィングに一端が垣間見えるが、人々が邂逅《かいこう》し、交流を深めていく都市である。もちろん行く旅も歴史のうねりに巻き込まれ、翻弄されてきた都市でもある。しかし、バイエルンという地域の文化をしっかりと継承してきた都市でもあるし、ミュンヘン大学やミュンヘン工科大学、ＢＭＷの本社が所在するようなイノベーション都市でもある。

その地を知る「導入の役目」も果たすコンテンツツーリズム

ケストナーは、１８９９年にドレスデンで生まれた。父エミール・ケストナーは鞄作りの手工業者だったが、産業工業化のあおりを受けて、工業労働者になり、母親イーダは夫の少ない労働賃金を補うため、理容師になったと自叙伝『わたしが子どもだったころ』に記載されている。しかし、本当の父親はユダヤ人の主治医エミール・ツィンマーマン博士だったという説も残っているが、本人もその辺に関しての発言をしていないので、真実はわからない。

しかし、ドレスデンはケストナーにとって故郷であり、戦前、戦後に渡って両親が住み続けた街でもあった。先述の自叙伝以外では『エーミールと探偵たち』の冒頭がドレスデンのノイシュタット駅からはじまっている。現在、ドレスデンは新市街と旧市街に分かれており、ドレスデン中央駅は新市街の方にある。モールやホテルなどが並ぶエリアにあった。ミュンヘンもそうだったが、ドレスデンもトラムが走っている。

この街にはケストナー詣での人々が必ず足を向ける、ケストナーミュージアムがある。世界遺産に登録されているザクセン王国の旧跡が残る旧市街を抜けて、エルベ川を渡ったところにある小さなミュージアムだ。民家を改修しているので、なかなか探すのが大変だが、トラムの電停（路面電車の停留所）を降りればすぐ左手にある。

実はミュンヘンの西、パーシングからバスで少し行ったところに国際児童文学館があって、そちらの方にもケストナーの展示室がある。ブルーテンブルク城という、こじんまりした古城の中にあるのだが、やはり個人ミュージアムの方が資料も多いし、近隣にケストナーの生家だったアパートが残っているため、ケストナーファンは充分、堪能できる。

ドレスデンは第二次世界大戦で大規模な被害を受けたのだが、この界隈は大丈夫だったらしい。ミュージアムでは、「ケストナー所縁の地」としてのマップを配布している。カードサイズのものとプリントしたA4サイズのものの2種類がある。街の書店でもショーウインドーには、大きくケストナーの作品が陳列してあり、やはりご当地出身の作家という扱いになっている。

ケストナーの生家は、ヨーロッパでよく見かける中庭のあるアパートである。この界隈で何度か引っ越しもしたらしいが、そこもしっかり残っている。つまり、当時の佇まいが残っている界隈だと言えるだろう。カフェもいくつかあり、ケストナーが好んだかどうかはわからないが、新市街まで戻ると、バウムクーヘンの名店「クロイツカム」もある。

1825年にドレスデンで創業、第二次世界大戦で街も店舗も破壊されてしまったため、その後各地を転々とし、1950年にミュンヘンで営業を開始した。東西ドイツ再統一後、ドレスデンでも店舗を再開し、現在はミュンヘンの2店舗とドレスデン、南ドイツのテーゲルン湖畔で営業している。

現在のドレスデンの「クロイツカム」は、大型ショッピングモール「アルトマルクト・ギャラリー」

に入っているが、店内にクラシカルな雰囲気は残っている「クロイツカム」では、砂糖でコーティングされたものと、チョコレートでコーティングされたものの2種類があり、日本ではあまり見ることのない、木の葉のようなスライス状になって提供されている。

「クロイツカム」は、ケストナーの『飛ぶ教室』に出てくる先生の名前だ。その息子も登場する。直接的にはケストナーと「クロイツカム」の関係性は明らかではないが、南ドイツ新聞(Süddeutsche Zeitung)によれば、5代目で会社を経営するエリザベート・クロイツカム＝オウミュラーはインタビューの中で、このクロイツカム教授と息子が『飛ぶ教室』に登場していることを述べている。このように、コンテンツツーリズムのもうひとつの楽しみは、食文化などへの寄り道にあるように思える。また、ドレスデンにはザクセン王国の宮殿や戦後、復興したいくつもの教会や建築物があるので、歴史遺産への寄り道も同様だ。所縁の地を巡ることが、その地の文化や歴史を同時に知ることでもある。これは国内を巡るときも同じであるが、海外ではさらに知見が広がると言ってもいい。つまり、コンテンツツーリズムは、その地を理解するための導入の機能も持っていると見ることもできる。

私もケストナーミュージアムがあったからこそ、ドレスデンを訪れた。若干の知識は携えて出かけたものの、現地に行ってからいろいろなことを知ることになった。

やはり空気感がミュンヘンと違うのは、ドレスデンは旧東ドイツだったこともあるのだろう。新市街は旧市街とは違って、歴史の奥深さのない、どちらかと言うと無機的な佇まいの空間だった。建築物も機能的なシンプルなデザインのものが大半だったし、旧市街に向かう広い通りも直線的だった。

戦後、ドイツは東西に分かれていた名残りがドレスデンの町並みにも見え隠れする、まち歩きには最適の場所だった。都市規模もミュンヘンほど大きくはないし、ドイツのフィレンツェと呼ばれるのも納得がいった。

ケストナーが詩人、児童文学作家として開花した地「ベルリン」

ケストナーはドレスデンで師範学校(ギムナジウム)を出て、ライプチヒ大学に入学する。そして学業の傍らで新聞の編集委員をしながら、詩や舞台批評を発表し、第一次世界大戦後のインフレの中、苦労して大学を卒業し、当時の首都であるベルリンに移り、そこで詩人として認められることになる。ケストナーの文学的基盤形成に当たっては、やはりベルリンの存在も大きい。

詩人としては風刺性の高いパロディや厭世的な作品、そして恋愛をテーマとした作品を数多く発表するが、1928年に発表された子どものための小説『エーミールと探偵たち』が多くの読者の支持を受け、映画化もされることによって、ケストナーは児童文学作家としての肩書を手に入れることになる。

この作品は、その後も何度も映画化されている。この作品に続いて彼は、次々に子どものための小説を執筆。それらは世界各国で翻訳され、映画化もされ、世界中にケストナーは知られることになる。ベルリン時代、デカダンスに沈むベルリンを描いた大人向けの小説『ファービアン』では、日本の作家たちにも好意的に読まれ、子ども向け小説家だけではない一面を見せていく。ただやはり児童文学の作品は『エーミールと探偵たち』以降も、やはり彼の仕事の中心だった。

この作品は冒頭、ベルリンの祖母と従妹に会いに行くためエーミールは列車に乗るが、そこで同席した男に所持金を盗まれてしまう。乗った駅はドレスデンのノイシュタット駅である。彼は犯人を追ってベルリン動物園駅で降りるが、そこは目的地でもなく、所持金も盗まれたために、途方に暮れる。そのときに、地元の顔役的な少年のグスタフが声をかけてくる。これをきっかけに、彼が集めた仲間たちと犯人追跡がはじまっていくお話である。

この作品をケストナーはベルリンのニュルンベルガー広場の「カフェ・カールトン」で書いたとされているが、近隣のいくつかのカフェを利用していた。「カフェ・レオン」「ローマニッシェ・カフェ」などが代表的なものだ。ベルリンのカフェで仕事をするスタイルは、今のノマドワーカーに引き継がれているが、当時のベルリンはカフェ文化の最盛期で、文学カフェなど、当時の「才能」が集まる場所と、ケストナー自身も評している。

彼は1929年から1944年まで、ロッシャー通りのかなり大きなアパートに住んでおり、知り合いとカフェやレストランを訪ねるのも好きだったと言われている。もちろん、ベルリンも第二次世界大戦で廃墟になってしまったので、当時のカフェはほとんど現存していないが、ケストナーが散策していたベルリンの空気は、現在でも感じ取ることができるだろう。

Michael Bienert(2017)は、ケストナーのベルリンでの舞台巡りをまとめたものだが、『エーミールと探偵たち』『ファービアン』『点子ちゃんとアントン』などの舞台も紹介されている。日本ではまだ翻訳されていないが、ドイツではすでにこの手の書籍がすでに出版されていることからも、ケストナーの作家としてのポピュラリティがわかるのではないだろうか。

断片的ではあるが、ケストナーの聖地巡礼についてつづってきた。戦前の作品に関して言えば、ドイツは戦災を大きく受けているので、なかなか所縁の地を特定するのがむずかしい。『飛ぶ教室』のようにキルヒベルグという名前の都市が複数あるので、これも厄介だ。もちろん作品をテクスト(文章を作者の意図に支配されたものとして見るのではなく、文章自体として読む思想のこと)にしていくが、ドイツ語の文献やウェブもサブテクストにできると、精度が増すに違いない。本来のコンテンツツーリズムは、作品への感動や作者に対する敬愛に寄り添う知的冒険なのである。

そういう意味からすればあくまで個人的な楽しみであり、それを共有する同好の士を求めて、ときには、SNSなどのソーシャルメディアでの情報発信もそれぞれの判断に委ねられる。日本のコンテンツツーリズムは、観光立国、地方創生などの政策で、別の形に展開しはじめている印象もある。

そもそもコンテンツツーリズムは、作品そのものの聖地巡りと作者所縁の地を巡るというふたつのベクトルがあり、ときにはそれが交錯する場合も多々ある。作品や作者の背景を深く知るという点に、もっと着目すべきだ。コンテンツツーリズムの最大の効用は、その点にある。それがもとになってその地域にさらに興味を持ち、理解を深めることが導き出されれば、それこそ観光の本来の意味に立ち返ることもできるだろう。

新型コロナウイルスの影響で観光行動は立ち止まっている。もしかすると観光行動は本来的にリスクを抱えているものであり、観光立国以降、国や自治体も右肩上がりに観光需要が増えていたということも、ある意味では雰囲気に流されてきたといっても過言ではない。ここで立ち止まるのもいい機会なのかもしれない。

哲学なしの観光創出はあり得ないだろうし、地域創生も同様だ。今後は動静を見つつということになろうが、少なくともコンテンツツーリズムの議論の画一化だけは避けなければいけない。この観光行動がさらに一般認知を高めるための方策はあるはずだし、深い部分での地域との相互理解のためのレバレッジ(小さな力で大きな効果を得ること)にもなるはずだ。

浅薄ながらケストナーを巡る旅について記してきた。私自身は海外の作品へのアプローチは継続させていきたいし、もちろん、さまざまな領域のコンテンツツーリズムを実践として今後も模索していこうと考えている。

02

地域への扉を開く

人が観光行動に求める「特別な体験」とは何か

『アニメ　夏目友人帳』に見るファンと人吉市の心地よい関係

人は、何を求めて旅に出るのか

マンガ『鬼滅の刃』が累計1億2000万部（2020年11月末現在）を突破し、「劇場版『鬼滅の刃』無限列車編」は、国内興行収入歴代1位となる324億円（2020年12月末現在）を記録する大ヒットとなっている。それに呼応して、福岡県太宰府市の竈門神社など各地にある『鬼滅の刃』の聖地には、多くのアニメファンが訪れている。作者の吾峠呼世晴氏は、聖地と言われるそれらの場所が作品の舞台だとは語っていないが、ファンたちは作者の出身地や作品の設定などから聖地を推定して、それらの地を訪れるようになった。こういった、コンテンツを通じた物語世界への没入感や探索性もファンをその地域に誘う要因のひとつである。主体はあくまで作品とその世界観を感じたい自分であり、場所はその本来ある意味から脱し、作品世界のロマンを体感する舞台となっている。

国連世界観光機関（UNWTO）は、観光客を「個人が普段生活している環境、訪問地における雇用を除く、1年未満のビジネス、レジャー及びその他のあらゆる目的で訪問地を1泊以上滞在した者を観光客（tourist）又は1泊以上の訪問客（overnight visitor）」と定義する。また、観光学の先人たちは、その時代背景によってさまざまな定義をするが、観光行動において期待されるのは、非日常的な空間やそこでの特別な体験である。

D．J．ブーアスティン（1962）が指摘するように、旅はメディアによって生成された「疑似イベント」を体験する要素も強く、あらかじめメディアによって紹介され、価値づけされたものを確認する行為ということもできる。

しかし、そういったメディアやある権威(ユネスコの世界遺産登録など)によって、お墨付きを得た観光資源を確認する旅を人々は相変わらず求める一方、個人が没入するコンテンツに独自の「価値」を感じ、その舞台となる地を旅する行動をとる者も多くなっている。

そこで体験したこと、新たに発見したものをLINE(以下、ライン)やInstagram(以下、インスタグラム)などのSNSで発信し、共有する行動も旅の当たり前の姿になっている。そういったコンテンツと結びつく地域を体験し、その空間に自らも(写真や映像に)納まり、それを発信・共有するまでが旅をする価値であると感じている旅行者も近年増えている。

2000年以降、映画やテレビドラマなどの撮影地を訪れるフィルムツーリズムが盛んに行われるようになり、中でもNHKの大河ドラマや朝の連続ドラマの舞台への注目度は高く、その放映期間にはドラマの舞台となる地域に多くの観光客が訪れた。また、2002年頃からアニメファンの間では、その描かれた舞台や作者の生誕地など、アニメ作品にゆかりの建造物や場所を「聖地」として、その地を訪れる「アニメ聖地巡礼」が脚光を浴びはじめた。

観光のあり方が、旅行会社などが設定した地域の自然や施設を一通り巡って非日常を体験するものから、より個人的な感性や思い入れなどによってその地域での非日常を体験するものへと移行している。山村(2008)は、アニメなどのコンテンツによって発動される感性主導のツーリズムを「次世代ツーリズム」と呼んだが、2016年のアニメ映画『君の名は』の大ヒットによってコアなアニメファン以外にもアニメ聖地巡礼の認知や行動が広がった。そしてまた、『鬼滅の刃』の驚異的なヒットによって、アニメ世界を通して旅する行動は、一般へと広がってきている。

ここで、アニメ聖地巡礼の流れを見ていくことにする。アニメ聖地巡礼と言っても、旅の主体である巡礼者のタイプの広がりや地域との関わり方など、この20年の間に変化が見られる。１９９０年代にもコアなファンは独自に行っていたとされるが、２０００年代になっていくつかの地域でアニメオタクの行動として顕在化してくる。インターネットの普及とスマートフォンなどのデバイス(情報端末)の進化とともに、「アニメ聖地巡礼」と称され、メディアでも広く報告されるようになる[(1)]。

アニメ作品の舞台となった場所(あるいは地名などは変えられながらも、その舞台と推定できる場所)、作者の出生地や作者と縁の深い土地、アニメ制作会社の所在地、イベント・大会・試合などの会場となったコンテンツに関連する場所が聖地となる。聖地では、マンガ・アニメで描かれた舞台・対象スポットでまったく同じ構図で写真に納まり、ＳＮＳを通じて仲間たちに発信するなどの特徴がある(岡本、２０１３)[(2)]。

聖地ではアニメ関連グッズや地元の特産物や土産物なども売れ、宿泊・食事・交通などの需要も上がることから、地域誘客の観点から注目を集めている。また、連載・放送終了後もファンによる探訪が断続的に行われることから、自治体による地域活性化施策として積極的に活用されるようになっている。

アニメ聖地巡礼の流れを山村(２０１４)は、以下のように大きく４つの段階に分類する。

①ファン主導期（〜２００６）――家庭用ビデオデッキ普及やレンタルビデオの時代からコミケ文化、コアなファンが地域と結びつきはじめる段階。『おねがい☆ティーチャー』や『涼宮ハルヒの憂鬱』など、熱狂的なファンがその地を訪ねるオタク的な行動としてみなされていた時代。

②タイアップ試行期（２００７〜２００９）――Ｗｅｂ２・０時代。誰もが情報発信者になれる時代。『らき☆すた』のようにファン主導ではじまったものに市の商工会議所や地域住民が参加し、社会的にも認知された段階。

③タイアップ方式確立期（２００９〜２０１１）――『戦国ＢＡＳＡＲＡ』や『あの日見た花の名前を僕達はまだ知らない。』のように地域の自治体と製作者がタイアップしたり、「実行委員会」形式で地域振興やキャラクタービジネスとして展開する段階。

④地域重視・多角展開期（２０１１〜）――アニメ製作側が地域への貢献を意識し、地域への事情に配慮したタイアップへ移行。『ガールズ＆パンツァー』や『恋旅――True Tours Nanto』など。

さらに現状を加えると、『君の名は。』や『鬼滅の刃』のメディアミックスに見られるように、作者、製作者、出版社などのライツホルダーによるコンテンツの多角的展開が見られ、地域やファンはその展開に関わるカタチでの共創が見られる。「製作者主導・多角展開期」と言えそうだ。次ページの図表２-１は、アニメ聖地巡礼の代表的なものと取り組みの一部を山村（２０１４）をベースとして、酒井（２０１６）を参考にしながら私が編集・加筆したものである。

アニメ聖地巡礼は、そこに訪れる人たちを主体として継続的な地域とゲストとの関係を築いてきた

図表2-1　アニメ聖地巡礼とファン・地域・制作会社などの関わり

『おねがい☆ティーチャー』	長野県大町市（ファン主導）
『涼宮ハルヒの憂鬱』	兵庫県西宮市（ファン主導）
『らき☆すた』	埼玉県久喜市（ファン主導、久喜市商工会鷲宮支所、地域住民、ファンの三者協力）
『true tears』	富山県南砺市（地域制作会社P.A.WORKSと地域のタイアップ）
『けいおん!』	京都府京都市、滋賀県豊郷町（ファンと地域の協力）
『戦国BASARA』	宮城県仙台市（地域と製作者のタイアップ、キャラクタービジネスなどによる地域展開）
『サマーウォーズ』	長野県上田市（フィルムコミッション・上田市と製作者の協力）
『たまゆら』	広島県竹原市（地域と製作者の連携）
『夏目友人帳』	熊本県人吉市（「ひとよし・くま旬夏秋冬キャンペーン実行委員会」、市観光振興課、人吉温泉観光協会、地元企業、商店街などの協力）
『あの日見た花の名前を僕達はまだ知らない。』	埼玉県秩父市（「秩父アニメツーリズム実行委員会」秩父市、西武鉄道、秩父商工会議所など11社）
『花咲くいろは』	石川県金沢市（地域と製作者の協力）
『あの夏で待っている』	長野県小諸市（市・商工会議所・観光協会・フィルムコミッションによる「なつまちおもてなしプロジェクト」、ファンと地域の交流）
『ガールズ＆パンツァー』	茨城県大洗町（「コソコソ作戦本部」アニメ制作者、大洗町商工会、大洗町観光協会、商店街組合、地域住民によるプロモーション）
『恋旅』	富山県南砺市（南砺市と地元の制作会社P.A.WORKSの連携）
『ユーリ!!! on ICE』	佐賀県唐津市（市観光課とホテル・飲食店などの連携、地域住民の協力）
『君の名は。』	岐阜県飛騨市（飛騨市と地域の協力。映画製作者が地域をフォロー）
『ラブライブ!サンシャイン!!』	静岡県沼津市（サンライズと沼津あげつち商店街、各商店街などの展開。伊豆箱根鉄道とのコラボなど立体的な展開、市はフォロー）
『鬼滅の刃』	福岡県太宰府市の竈門神社ほか。（集英社・アニプレックス・ufotableによるメディアミックス）

出典：山村（2014）をベースとし、酒井（2016）を参考に岩崎編集・加筆

が、地域振興に重点をおいた方向に、ますますシフトしていく状況が図表2-1からも見ることができるだろう。アニメと連動したツーリズム施策は、地域誘客にも有効な手段であるが、あくまでもコンテンツの魅力によって発動される行動であることを地域の担当者はしっかりと理解し、アニメの世界観を維持しながらファンの思いを微妙なところまでとらえた展開を行うことが、こういった巡礼者の思いを行動動機とするツーリズムでは重要なポイントになる。

また、2016年には、KADOKAWA、JTBなどの企業や団体が中心となり「一般社団法人アニメツーリズム協会」が誕生し、毎年「訪れてみたい日本のアニメ聖地88」を選定するなど、アニメコンテンツを中心においた地域活性や誘客を積極的に行う体制が整ってきている。

アニメ聖地巡礼者の「4つの行動動機」とは？

アニメの世界を旅する人にはどんな特徴があるのかをアンケート調査を行い、行動動機と行動特徴の検証を行った。そこには、景観や歴史資源などを旅するツーリストとの行動特徴の違いが明らかに見て取れる。調査は2019年7月30日〜8月8日の期間に、全国の15〜49歳の男女2152人に対して、これまでにアニメ聖地巡礼を行ったことがあるかどうか、スクリーニング調査をした。その結果、264人がアニメ聖地巡礼経験者(出現率が12・3%)であった。

その後、巡礼経験者208名に対して本調査を行った。調査内容に関しては行動動機、巡礼の経験回数、使用金額、行動意図、聖地で必ず行うことなど、聖地巡礼行動についてのアンケート調査である。本書では結果のみ記すが、以下のとおりとなった。

まず、質問1で35問の行動動機をリッカート尺度(提示された文に回答者がどの程度、合意できるかを回答する方法)の5件法によって質問した。それをもとに因子分析を行った結果、4つの動機を見いだすことができた(最尤法、プロマックス回転、固有値1以上、累積寄与率65・66%)。

①『自己承認欲求』……「他人から認められたい」「他人をリードしたい」「自分ができるということを他人に示したい」などの因子が見られた。

②『地域探索・解放欲求』……「その土地の特別な雰囲気を感じたい」「アニメ聖地を自由に行動したい」「思い出を作りたい」「日々の生活を忘れたい」などの因子が見られた。

③『同行者との楽しみ共有』……「同行者とアニメの世界を楽しみたい」「同行者と一緒に何かをしたい」などの因子が見られた。

④『地域の人とのつながり欲求』……「現地の人々の暮らしぶりにふれたい」「地元の人たちと交流したい」などの因子が見られた。

また、その他の調査によってわかった行動特性は、以下のとおりであった。

- アニメ聖地巡礼の回数：平均3・56回。1回が26%と一番多いが、10回以上聖地巡礼を行っている人が6・3%存在する。
- 訪れた聖地の別(同じ聖地、同じ聖地を複数回＋他の聖地、すべて異なる聖地)を調査した。その結果、聖地巡礼では約65%が同じ聖地に巡礼したことがあり、29・9%がすべて同じ聖地にリピートしている。

- 1回の巡礼の平均支出は、3・4万円。4回以上の巡礼者の1割超が10万円以上、支出している。
- 巡礼の日数は、平均1・7日。日帰りか1泊と比較的短期。
- 巡礼の人数は、平均1・38人。1〜3人での巡礼行動が多い。
- 聖地巡礼で必ず行うことは、グッズ購入と周辺観光が約50％と多く、約20％が他の巡礼者との交流を行っている。

アニメ聖地巡礼は、主に『自己承認欲求』『地域探索・解放欲求』『同行者との楽しみ共有』『地域の人とのつながり欲求』を動機とする旅行行動である。1回の巡礼は比較的短期であるが、同じ聖地に何度も行くリピート性や地域への愛着が深まり、移住する人もいる地域ロイヤルティの高い行動である。この調査では、聖地巡礼者全体の特徴をとらえたが、作品タイプ別の調査によって巡礼者の行動特性の違いを見いだすことにより、地域へのより有用な知見となるだろう。

緑川ゆき原作『夏目友人帳』の聖地・人吉市を巡る

ここでは、『夏目友人帳』の作品、聖地(熊本県人吉市)、地域施策、巡礼者について記していくことにする。(3)

『夏目友人帳』とは、緑川ゆき原作のマンガ作品である。２００３年に『ＬａＬａＤＸ』に掲載が開始、２００５年１月号から同誌にて読み切りのシリーズとして隔月連載され、２００７年９月号から『ＬａＬａ』で連載された。２０１９年５月時点で単行本は、『花とゆめＣＯＭＩＣＳ』にて第24巻まで刊行されており、発行部数は１３６０万部（漫画全巻ドットコム、２０２０年５月12日閲覧）に達している。

また、アニメ化もされており、２００８年（第1期）から２０１７年７月（第6期）までテレビ東京系の深夜枠で放送され、長期にわたり高い人気を得た。２０１８年には、アニプレックスにて映画化された。そのほかにもＤＶＤ、音楽ＣＤ、グッズなどメディアミックスによる展開も見られ、女性層を中心に幅広い支持を得ている。

『夏目友人帳』のあらすじは、以下のようなものである。

主人公は、夏目貴志という両親を亡くした高校生である。幼少の頃から妖怪を見ることができる能力を持っていたため、虚言癖のある変わった子と見られていた。そういったこともあって親戚をたらい回しにされていたが、遠縁の藤原夫妻のもとに落ち着くことになる。

すでに故人となっている貴志の祖母の夏目レイコは強力な妖力を持ち、かつて妖怪を子分としていた。「友人帳」は、天涯孤独な彼女が妖怪に勝負を挑み、負けたら子分になるという約束を守らせるために名を書かせた帳面である。そこに名を縛られた妖怪は、彼女に逆らうことができない。その「友人帳」は、しだいに妖《あやかし》を使役できる宝物として妖怪たちの噂になっていく。

後に貴志の用心棒になる「ニャンコ先生」も、それを奪おうとして現れた妖怪である。貴志とニャンコ先生は名を取り戻そうと襲ってくるもの、相談ごとをしてくるものなど、さまざまな妖怪たちと関わりを持つ。そして、そんな日々の中で思いを共有できる友人たちとの経験を通して貴志は、自分の生きる道を探していく。

アニメの舞台としては、熊本県人吉市の名前は明確には出てこない。しかし、アニメに描かれた風景や駅舎などに、作者の出身地である熊本県の人吉地方の描写が数多く出てくる。このため『夏目友人帳』の聖地巡礼を行うファンは、この地(人吉球磨)を聖地として、国内外から多く訪れる。

日本で、もっとも豊かな隠れ里

熊本県人吉市は熊本県南部、人吉盆地の西南端に位置する。人口は約3万1947人(2020年5月12日現在)、周りは山に囲まれており、日本三大急流のひとつである球磨川が、人吉市の中心部を多くの水を湛えて流れている。険しい山地に囲まれた内陸部にあることから、長年「陸の孤島」と呼ばれていたが、1995年、九州自

写真2-1　球磨川

人吉温泉観光協会提供

日本三大急流の球磨川では、川下りやラフティングが楽しめる。

動車道が全線開通し、2011年には九州新幹線が全線開通するなど、各地からの交通アクセスが飛躍的に高まった。

この地の歴史は古く旧石器時代(紀元前2万6000年頃)まで遡《さかのぼ》り、この地方の総称である「球磨《くま》」は、南九州の有力な部族であった「熊襲《くまそ》」が「熊縣《くまあがた》」へ、そして「球磨」になったものと言われている。また、人吉球磨の領主であった相良氏は、日本史上類のない長きにわたってこの地を治め「相良700年」と称された。その間、受け継がれた文化財や風習、地域の歴史が、日本の文化・伝統の魅力を伝えるものとして、2015年に日本遺産に認定されている(人吉市公式ホームページ 2020年5月12日閲覧)。

観光では、その景観の美しさもさることながら、80を超える源泉を持つ温泉、国宝・青井阿蘇神社や国指定史跡の人吉城跡、幽霊掛け軸で有名な永国寺、相良三十三観音めぐりなど多くの歴史遺産がある。また、球磨川の急流を下るラフティング、蒸気機関車の旅を楽しめるSL人吉など、老若男女を問わず楽しめる土地でもある。古い文化が凝縮され、豊かな自然がある人吉を、作家・司馬遼太郎は『街道をゆく3 陸奥のみち、肥薩のみち』の中で「日本でもっとも豊かな隠れ里」と記している。

「何もしないおもてなし」が「最良のおもてなし」に

熊本県人吉市役所の観光振興課廣田祐太氏と人吉温泉観光協会の中神寿一氏、尾方さち氏へのインタビューを２０１５年9月17日、11月18日の2回に分けて行った。そのときのインタビューをもとに、人吉市の『夏目友人帳』に関する施策と人吉温泉観光協会の対応について概要を記述することにしたい。

また、人吉市では各所で、アニメ聖地巡礼の話や地域の話をうかがった。事前に取材を申し込んでいた方はもちろん、その場で話しかけた方々も丁寧に時間を惜しまず、さまざまな話を聞かせてくれた。巡礼地で聞いた話もここに記述しておきたい[(4)]。

〈取材概要〉

『夏目友人帳』について市の観光振興課が興味を持ったのは、２００９年である。その頃、市役所で観光業務に携わっていた担当者がオタク系の人であり、その発案がはじまりであったと言う。ちょうどその時期に法人化を行った人吉温泉観光協会は40代が中心で活動しており、温泉観光協会では、『夏目友人帳』の存在をほとんどが知らなかった。しかし、新しい施策としてアニメと観光をつなげようという話になり、それが端緒となってこの取り組みがはじまった。

とは言え、当初から話がスムーズに進んだわけではない。アニメ活用において、必ず立ちはだかるライツホルダー(著作権保有者)との問題があった。人吉温泉観光協会は、『夏目友人帳』とのコラボレーションの話ができないかと、ライツ(権利)の窓口である広告代理店のＡＤＫ(旧アサツーディ・ケイ)に問い合わせたが、1年近く回答を得られなかった。２０１０年になり、ＡＤＫからコラボレーションの承諾の回答が来たため、アニメ好きの市役所の観光振興課職員とともに、まずは公式探訪マップの作成を行った。

また、毎年お盆最終日の8月15日に行われる人吉花火大会は、県内外から多くの観光客が訪れるが、その歴史ある花火大会と連動する施策を行う。『夏目友人帳』のキャラクターがデザインされたポスターやうちわなどを制作し、プロモーションを行った。同年には『夏目友人帳』のUFOキャッチャーを市役所に2台設置するなど、画期的な試みも行っている。

このような取り組みの結果、通常観光客のほかにアニメファンの旅行者が増加したという。特に花火大会告知の『夏目友人帳』ポスターが大評判になり、第2回目からは異なるビジュアルのポスターを制作し、販売を行った。現在でもそれは継続され、毎年異なる図案のポスターが制作・発表され、それを心待ちにしているファンも多い。

今では、『夏目友人帳』の聖地巡礼者の訪問が当たり前になっているが、2009年頃は、聖地巡礼者の存在もほとんど知られておらず、地元住民は戸惑ったようである。人吉はもともと歴史文化の街なので観光客もシルバー層が多かったが、そこに突然、若い女性が訪れるようになり、海外からも『夏目友人帳』のファンだという旅行者が来るようになった。彼女たちは、何もないバス停(アニメに描かれた「晴山バス停」)に連れて行ってくれとタクシーの運転手に頼むなど、これまでの観光地として知られる場所ではない行先を目指すことに、当初運転手さんたちも驚いたという。

アニメ聖地巡礼で有名になった地域は、アニメキャラクターの看板や像を建てるなど観光誘客を自治体が積極的に行うケースも存在するが、人吉温泉観光協会はそのようなことをしなかった。当初は、看板を立てるなどの施策を思案したが、夏目ファンとの交流を通して、ファンはひっそりと楽しみたいというニーズがあることを発見した。

このため、市の観光振興課や温泉観光協会としては、人吉の自然をゆっくり感じてもらいたいという思いから、「何もしないおもてなし」を目指しているという。もちろん、何もやらないということではなく、巡礼マップやグッズなどは用意し、巡礼者たちの相談や要望に十分に応える準備はしているが、あくまで旅人主体でのおもてなしを目指すということである。『夏目友人帳』の聖地を巡り、その中で夏目の世界観や人吉の魅力を感じたり、発見してほしいという思いがある。

『夏目友人帳』の聖地巡礼者は女性が多いが、2、3人の女子がリュックを背負って、徒歩や自転車(レンタサイクル)で聖地を目指す。否が応でも目立つため、人吉の住民は元来、好奇心が強く人が良いため、巡礼者に「夏目ファンでしょ。どこまで行くの?」などと話しかけたり、時に行く方向が同じ場合は、巡礼地まで車に乗せて行ってくれることもある。このような住民との交流がきっかけとなり、夏目ファンから人吉ファンになる巡礼者も多いという。

〈「寿福酒造」杜氏・寿福絹子氏との会話〉

私も共同研究者とともに人吉市の各所を巡礼した。どこでも町の人が気さくに声をかけてくれるうえ、町のことや聖地巡礼者の話などをしてくれた。特に印象深かったのは、『夏目友人帳』のオープニングに登場する場所として多くのファンに認知されている聖地「田町菅原天満宮」の道をはさんで前にある、球磨焼酎「武者返し」で有名な「寿福酒造」の杜氏の寿福絹子氏である。

寿福さんは女性杜氏として著名な方でもあるが、気風の良さや気迫を感じると同時に、親しみやすさも感じる人である。私たちが「田町菅原天満宮」にある多数（1500枚以上）ある絵馬や『夏目友人帳の探訪ノート』（2015年9月17日時点で計13冊あった）を調査していると「寄っていけば」と声をかけてくれたのが話すきっかけとなった。少しかもしれないがお話も聞けるかと思い、店に入ると寿福さんはすぐに座れるところに招いてくれ、ほどなくコーヒーを淹れてくれた。きれいなカップで出されたコーヒーは大変おいしく、寿福さんの聖地巡礼にまつわる話や人吉の話なども大変興味深いもので、少し寄り道して話を聞くつもりが、結局2時間滞在することになってしまった。

かつては、地元の子どもたちが遊ぶ場所だった天満宮もいまや巡礼地として、夏目ファンが訪れる。特に何か特別なものがあるお宮ではなく、町のはずれの道路沿いにぽつんとある小さなお宮であるが、寿福さんは次のような話をしてくれた。

寿福さん「もうね、なんかな……もうねすごいんですよその……。泣く人もおるし。私もここで、いわゆる『夏目友人帳』でしょ。不思議だなと思うのは、うちはたまたま目の前におらすですよね。もういろんなつながっていくんですよ。四国の人だったり東京の人だったりで。縁ができて、あの、はい、なんか送ってくれるとか。なんか知らんけどあのー『夏目友人帳』で出会いがあって、それがもう1回きりじゃなくて。

1回なんかね四国の四万十町かな、1人で女の人が来てて。寒いときだったかな、うちでお茶でもどうぞって。聞いたら、看護師さんだったのね。そして人にはちょっとこう、アニメで九州までって言いにくいから、みんなに黙って夜勤明けにもう夜中に長距離バス乗って10時間かかりましたって。

ここに来るのに」

（岩崎、津村2015年9月17日、寿福さんとの会話より）。

また、昭和9年創業で昔の佇まいを残す（2012年に「国登録有形文化財」）人吉旅館の3代目女将の堀尾さんも、快く取材に応じてくれた。その純和風の空間で、人吉の歴史や文化、アニメの巡礼者たちの話を聞いたのだが、自分がどの時代に迷い込んだのだろうかと錯覚するような不思議な感覚となり、1時間があっという間に過ぎていたことに驚いた。

また、相良藩の家老屋敷跡であった「武者屋敷」でも、管理する主人から人吉の歴史や文化などの話が聞けたが、これもこの地を知るうえで、大変参考になるものだった。武家屋敷は、『夏目友人帳』の作者 緑川氏の親戚の方が管理・運営をしている関係で、屋敷脇にある売店（喫茶コーナー）には、『夏目友人帳』関連の原画やポスターなどが多数展示されており、オリジナルグッズも販売されている。

このように人吉では、多くの人たちに充実した時間をいただいたが、アニメ聖地巡礼はコンテンツを通じて地域の人たちと出会う旅であり、地域の本当の良さを実感できる旅でもある。

アニメ聖地への思いと「地域誘客」

『夏目友人帳』の聖地である人吉市を、巡礼者たちはどのような気持ちで訪れているのだろうか。その思いを知るために、人吉市の「田町菅原天満宮」に置かれていた13冊の「夏目友人帳・探訪ノート（2011年8月〜2015年10月）」に記載してある内容の一片を紹介することで、巡礼者のその地を訪れた思いやアニメへの愛などを感じてもらいたいと思う。ノートに書かれているままの文章を転載した。

〈夏目友人帳・探訪ノート」から〉

- 「広島から来ました　その2！　夜行バスで昨日からテンションが↗^▽^今日は歩ける場所を夏目めぐりします☆花火大会が開催されるといいな…‼ にゃんこ先生お願いします！」
- 「熊本の大津から2時間かけてきました！　ニャンコ先生グッズいっぱい欲しい！　今度は祭りのある日に来ます！」
- 「福岡佐賀から親子で遊びにきました！　夏目めぐりは残念な雨もようですが、各地のファンの方々に出会いゆかりの方にも出会い気分は上々です。今度は友人と来たいと思います♪」
- 「北海道から来ました。向かいの店のおばちゃんにいろいろ聞いて楽しかったです！　また、アニメ再開して欲しいな〜。ニャンコ先生いないかな？　会いたいな(笑)」
- 「中国へ帰る前に、姫路から来ちゃった。舞台を全部回るつもりだったけど、場所がバラバラで無理だった。ニャンコ先生大好きだよ！　夏目のような優しい人になりたい。見るたびに心が癒される夏目友人帳大好き♡」
- 「私はアメリカ人のなつ目ファン。なつ目はとってもたいせつなものです。なつ目ゆじんちょ五おねがいします！」

- 「夫婦で夏目友人帳巡りにきました。また来たいです！　ニャンコ先生大好き♡　千葉県船橋市」

アンケートや探訪ノートにある言葉とファンが書いた主人公の貴志やニャンコ先生のイラストから、『夏目友人帳』への思いと同時に聖地である人吉への思いも溢れている。そこから日本各地だけでなく、海外からも多くのファンが人吉に訪れていることがわかる。『夏目友人帳』の聖地にやっと来られたうれしさや、この地の美しさ、地域の人達とのふれあいなども多く記されている。

テレビ東京系の深夜の放送でファンになった者も多く、次回の放送を心待ちにしている思いも書かれている。アニメを通して訪れた土地を、そのアニメと同じ

写真2-2
「田町菅原天満宮」と「晴山バス停」

『夏目友人帳』の聖地として多くの人が訪れる「田町菅原天満宮」。

『夏目友人帳』の聖地「晴山バス停」。まわりには何もない。

人吉温泉観光協会提供

ように好きになる。そして何度もその地に訪れるようになるというのもこのアニメ聖地巡礼の旅の特徴である。

「アニメ作品への興味」「地域への愛着」が移住につながるケースも

ここまでアニメ聖地巡礼の誕生からその系譜、アニメ聖地巡礼者の特徴、『夏目友人帳』の聖地巡礼の地域の施策、地域の人々の対応、巡礼者の実態を概観してきた。

まず、巡礼者たちの行動プロセスとして、アニメの作品世界に興味や愛着を持ち、その作品の舞台を訪れる。現地では、作品にまつわるアニメ聖地を自分の足で探索するほかに、地域周辺の観光も行う。現地では、趣味を同じくする巡礼者とコミュニケーションをとったり、現地の人々との交流も楽しんだりする。このプロセスは繰り返され、そのうちに旅行者の関心はアニメ作品だけでなく、作品の舞台にも愛着を感じるようになっていく。地域への愛着が地域への移住へつながることも、調査検証の結果により明らかになっている（岩崎・大方・津村、2018）。

巡礼者の特徴である地域への愛着やリピート行動、国境を越えて

写真2-3　「探訪ノート」巡礼地各所に置いてある

日本各地だけでなく、海外からのファンも探訪ノートに『夏目友人帳』への思いをつづっている。
著者撮影

熱心なファンが訪れるというのは、今後の地域誘客や地域マネジメントにとって有効な手立てとなる可能性がある。かつてはアニメ聖地巡礼者が、一般的な旅行者とは行動が異なることやその外見から地域住民に敬遠されていた時代もあった。

しかし、国内外からのアニメ評価の向上と国の観光文脈上でのアニメの有用性などの追い風もあり、いまやアニメをはじめコンテンツ活用による地域誘客は、政策として欠かせないものになってきている。アニメ聖地巡礼者自身も地域を意識した行動をとり、さらには地域商店街の掃除を手伝うなど、地域に貢献しようとする行動も見られるようになっている。

旅は私たちにとって、日常から非日常への空間的かつ精神的な移動である。E・コーエン（1979）は、観光経験のモードを「レクリエーション・モード」「気晴らしモード」「経験モード」「体験モード」「実存モード」の5段階に分け、そのときの旅行者の精神のありかを「精神的中心」という言葉で表現している。

旅に精神性を求める段階はこの記述順に深くなるが、アニメ聖地巡礼における精神的中心は、作品への没入度合いによっても異なるが、多くが「体験モード」「実存モード」といった深いところにある旅である。

彼らが巡礼地に見ているのは、アニメ世界を投影した精神的要素を投影した景観であり、そこに厳然とある山や川などの美しい景観は、あくまで借景である。地域の自然資源や歴史資源が豊富にある地域は所与のストーリーを持つが、そういった地域ばかりではない。アニメ聖地巡礼には、地域をストーリー化し、「場」にロマンを与えることで地域へと人々を誘う新たな旅のカタチである。

03

経済と文化継承に貢献する

ゲームがいざなう「刀剣を巡る」旅

文化装置としての『刀剣乱舞』

ゲームを介したコンテンツツーリズムの潜在的可能性

近年、コンテンツツーリズムは、地域の活性化という側面においても注目されている。その背景には、日本の産業構造が１９８０年代に「製造業」から「サービス産業」へと転換をしたことや、グローバル経済の影響で国内産業が空洞化したことにより、多くの地方都市は衰退や停滞をこれまで克服できずにいる点が挙げられるだろう。

実際に、１９５０年代からはじまった国土開発（地域開発）は、その目的である東京一極集中を解消できないまま、現在に至っている。その中で地方都市や農漁村は「観光振興を一つの打開策」として見出しはじめている。

そうした状況の中、日本の観光形態は多様化・成熟化しており、新たな観光形態が現れている。近年、注目されている一つがコンテンツツーリズムである。コンテンツツーリズムの市場規模は、観光産業全体において占める割合は大きいといえないが、人気の高いコンテンツが関係している地域には、観光振興による恩恵を少なからず受けているところが多いといえよう。それは、コンテンツツーリズムを通じた観光振興の特徴の一つでもある、それまで観光地ではなかったような場所が、コンテンツファンの聖地として、観光の目的地になることが多くなってきているためだ。

コンテンツツーリズムという観光行動への誘因については「観光行動以前の動向」を考察する必要

があろう。しかし、それに焦点を当てた研究は少ないのが現状である。

そこで、本章では「コンテンツツーリズム行動が起こる以前の行動」に焦点をあて、述べていくことにしよう。また、コンテンツのジャンルに関しても、これまで取り上げられていないゲームを対象とし、『刀剣乱舞——ONLINE(以下『刀剣乱舞』)』を取り上げる。

その背景には、多くの若い女性が刀剣の展覧会や寺社仏閣に殺到するなど、社会現象を巻き起こしたゲームコンテンツであることが挙げられる。実際に、「刀剣女子」[1]という刀剣好きの女子のことを表す新たな言葉をゲーム配信当初に生み出し、ゲームソフトが発売された2015年には、その年の「流行語大賞」の候補にもなった。

以下では、まず、ゲーム市場の現状から今後のコンテンツツーリズムにおけるゲームコンテンツの可能性を検討する。次に、ゲーム『刀剣乱舞』の人気の現状、それにともなう地域経済の波及効果及び伝統文化の継承への貢献について考察する。そして、そうした文化的な貢献や経済効果を創出する背景を『刀剣乱舞』を介したコンテンツツーリズムの観光行動に至るまでの過程から論考する。最後に、本章を通じて、コンテンツツーリズムによる維持可能な地域の発展における方向性について示している。

2・2兆円に成長したゲーム市場

まず、コンテンツ産業[2]におけるゲーム市場の位置づけを考察していこう。コンテンツ産業の市場規模は、2008年のリーマンショックや2011年の東日本大震災の影響を受けて、2012年の

11・7兆円を底として、2018年には12・6兆円まで回復し、2019年には過去最高の約15・7兆円に達した（図表3-1参照）（経済産業省商務情報政策監修2019、Kadokawa Game Linkageマーケティング部編）。

回復傾向にあるコンテンツ産業において、ゲーム市場は一番大きいわけではないが、2018年時点で、同産業の中では成長してきた市場といえる。コンテンツ産業の中での市場規模が一番大きいのは、動画で約4・4兆円、次いで静止画・テキストが約3・3兆円、続いてゲームが約2・2兆円と続いている（図表3-2参照）。動画、静止画・テキストの市場は、停滞または縮小している一方で、ゲーム市場は2010年の約1兆円から増加傾向にあり、2018年には2・2兆円に達している。それを牽引してきたのが、オンラインゲームの運営サービスの売上である（図表3-3参照）。その市場規模は2009年に約990億円だったものが、2018年までに約1・5兆円に達し、約10年間で15倍にも増加している（経済産業省商務情報政策監修 2019）。

こうした背景には、情報技術革新が起因しており、インターネットの普及がコンテンツの配信や運営、売上に大きく影響していることが挙げられる。62頁の図表3-4のネットコンテンツ別市場規模の推移からも、ゲーム市場は2009年の約2300億円から2018年は約1・5兆円に達し、その伸び率は、他のどのコンテンツよりも高いことが示されている。コンテンツ別のネット化率[(3)]も、ゲーム以外のコンテンツは減少傾向もしくは横ばいだが、ゲームは2008年の21・7%から2018年の68・8%と3倍以上も増加している（63頁、図表3-5参照）（経済産業省商務情報政策監修 2019）。

このようにゲーム分野は、ソフトや機器が停滞気味であるといわれる中で、他のコンテンツと比べ

図表3-1　コンテンツ産業の市場規模(億円)とGDP(兆円)の推移

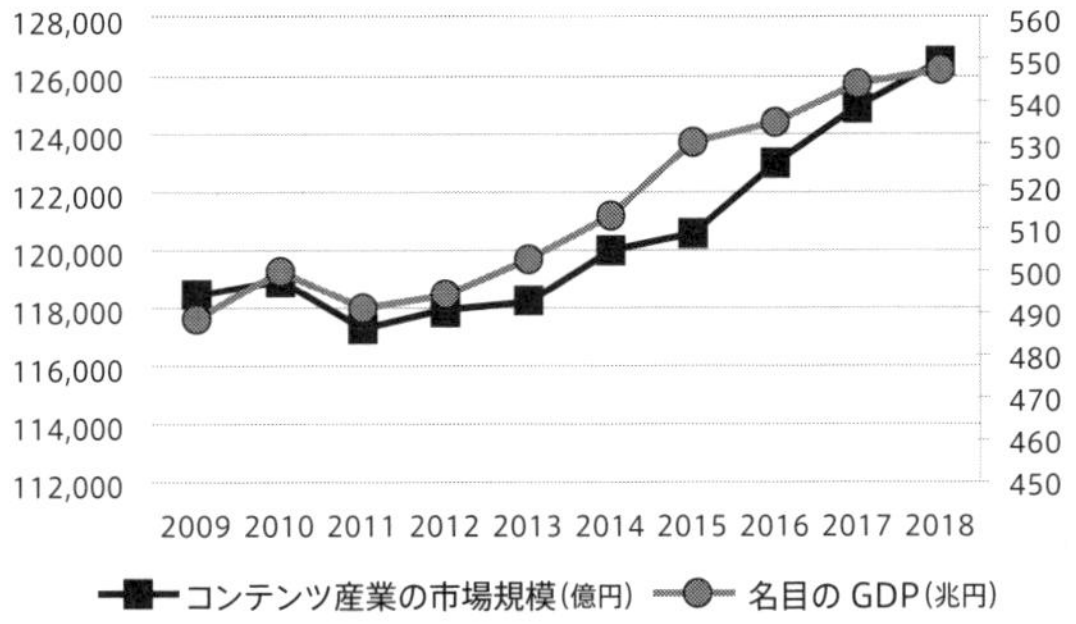

出典:デジタルコンテンツ白書2019

図表3-2　コンテンツ産業の市場規模2018(兆円)

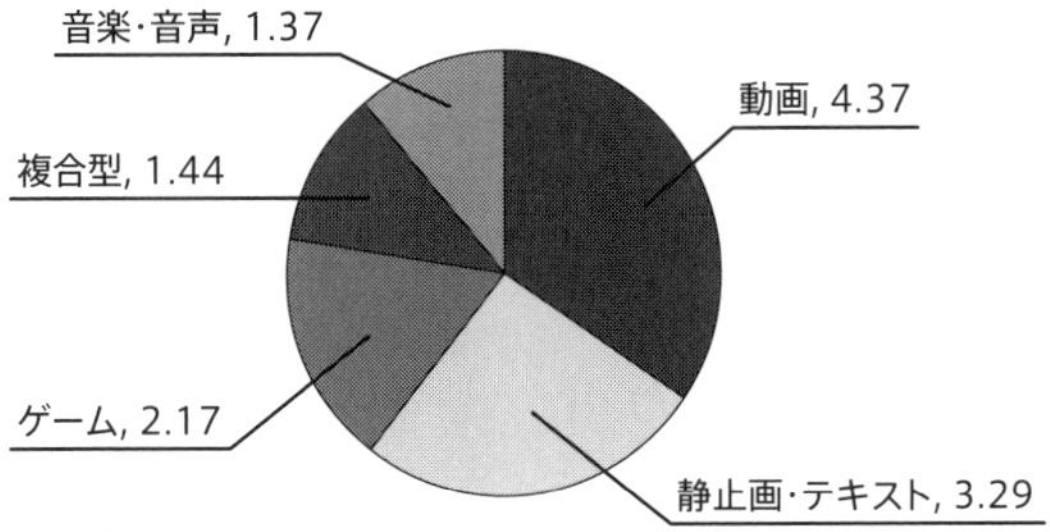

出典:デジタルコンテンツ白書2019

図表3-3　ゲーム市場規模の推移(億円)

売上分類	2009	2010	2011	2012	2013	2014	2015	2016	2017	2018
ソフトウェア	3,341	3,442	3,185	2,953	2,640	2,521	2,080	1,959	2,111	1,970
オンラインゲーム運営サービス	988	1,064	1,613	3,854	6,788	9,955	10,475	12,574	14,256	14,701
フィーチャーフォン向け配信	1,331	2,211	2,648	2,286	964	476	294	144	95	61
アーケードゲームオペレーション	5,043	4,958	4,857	4,700	4,564	4,222	4,338	4,620	4,859	4,980
総額	**10,703**	**11,675**	**12,321**	**13,796**	**14,956**	**17,174**	**17,142**	**19,297**	**21,321**	**21,721**

出典:デジタルコンテンツ白書2019から筆者作成

て情報技術革新による社会の変化に対応して、成長を維持している分野でもあるといえよう。すでに情報通信速度は5Gの普及がはじまりつつあり、こうした状況を勘案すると、ゲームを介したコンテンツツーリズムにも大きく影響をおよぼす分野になるであろう。

近年、ゲームからさまざまなメディアコンテンツへの展開が見られる。たとえば、アニメ、舞台、映画、ミュージカル、コンサート、小説などである。この背景には、ゲームがテストマーケットとなることで、他のメディアへ展開する際のリスクが軽減できることが挙げられる。

DMM.comの片岸憲一によると、ニューヨークのオフブロードウェイと同様な構造であるとしている。一つのアニメを制作するには大きな投資が必要であるが、既存にあるゲームを基本として新たなゲームを作り、その人気が高ければアニメや映画化するという方式を取れば、リスクが軽減できるわけである(Gzブレイン・マーケティングセクション編2018)。

ゲームからのクロスメディア化がこうした利点を持つならば、他のメディアコンテンツとの相乗効果は大きいものになるといえよう。実際に、ここで取り上げる『刀剣乱舞』も目新しいゲームではなかった

図表3-4　ネットコンテンツ別市場規模の推移(億円)

	2009	2010	2011	2012	2013	2014	2015	2016	2017	2018
動画	665	762	826	1,016	1,230	1,255	1,410	1,630	1850	2,200
音楽・音声	1,978	1,798	1,578	1,196	965	977	1,004	1,070	1,090	1,158
ゲーム	2,319	3,275	4,261	6,164	7,855	10,596	10,855	12,797	14,519	14,936
静止画・テキスト	2,425	2,577	2,539	1,983	1,826	2.025	2,261	2,604	2,793	3,312
複合型	5,448	6,077	6,189	6,629	7,203	8,245	9,194	10,378	12,206	14,480
総額	**12,835**	**14,489**	**15,393**	**16,988**	**19,079**	**23,098**	**24,724**	**28,479**	**32,458**	**36,086**

出典：デジタルコンテンツ白書2019から筆者作成

が(Ｇｚブレイン・マーケティングセクション編２０１８)、社会現象となるほどの人気の作品となり、アニメだけではなく、２・５次元ミュージカルや舞台にも展開され、国内外で人気を博している代表的な作品の一つになっている。

このようにゲームコンテンツが起点となり、クロスメディア化されるということは、コンテンツへの入り口が多様になる。このことは、コンテンツツーリズムへの入り口の多様化にもつながる。こうしたゲームの特性は、コンテンツ産業全体だけではなく、観光や地域経済にも相乗効果をもたらすことにつながるだろう[4]。

したがって、ゲームコンテンツは、今後のコンテンツツーリズムやコンテンツ産業の発展において潜在的可能性のある分野といえよう。

図表3-5

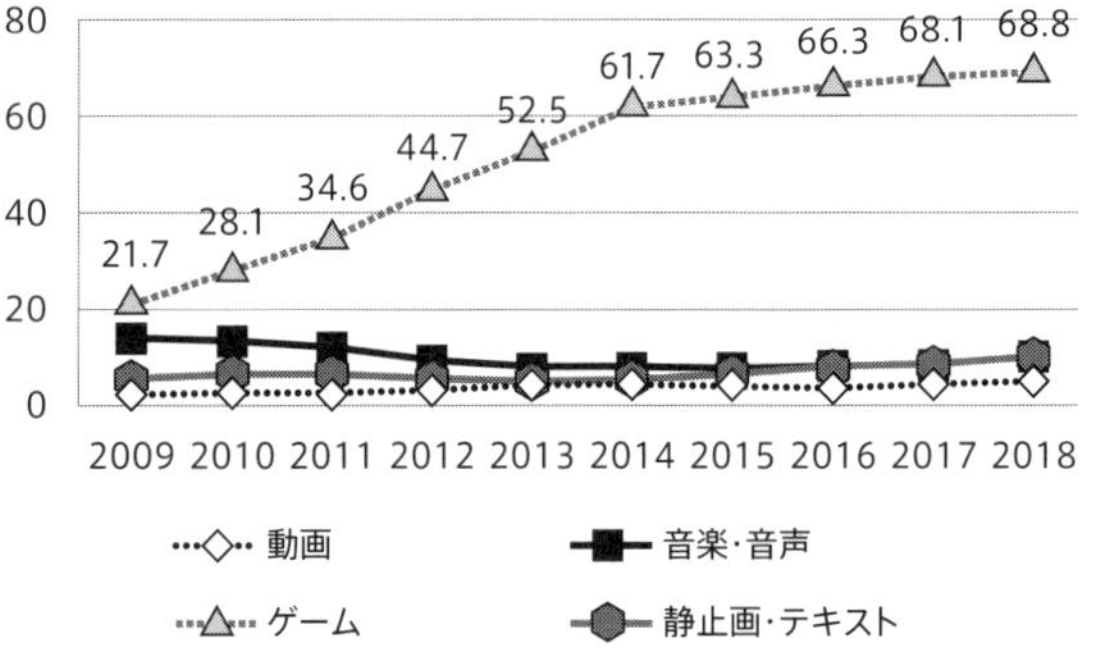

出典:デジタルコンテンツ白書2019

刀剣ブームを牽引するゲーム『刀剣乱舞』とは

『刀剣乱舞』のゲーム内容は、実在する、または、実在した名だたる刀剣[5]に宿った付喪神《つくもがみ》である『刀剣男士』を集めて鍛錬し、部隊を結成してさまざまな合戦場を攻略する育成系シュミレーションゲームである。西暦2205年の未来を舞台として、歴史を改変しようとする敵に対して、歴史を守る使命を与えられた「審神者《さにわ》」がさまざまな時代に送り込まれ、それを阻止するという設定になっている。プレーヤーは、「審神者」として、刀剣男士を率いて共に戦うというゲームである(DMM.comホームページ)。

プレーヤーの特徴は、若い女性が多いことが挙げられる。ゲームプレイ経験者は推定約68万人、そのうち女性が59万人で、全体の約87%を占めている。年代別では20代が43・7%、10代が17・2%となっており、10代と20代が全体の約61%を占めている。また、男女合わせた全体のプレーヤーのうちヘビーゲーマーが半数以上を占めており、ミドルゲーマーと合わせると、全体の約78%を占めていることも特徴といえる(Gzブレイン・マーケティングセクション編2018)。

こうした『刀剣乱舞』の人気は根強い。2015年に初めてPCブラウザ版で、『刀剣乱舞――ONLINE』が配信されて2週間あまりでサーバーが満員となり、追加されたサーバーもすぐに埋まるほど人気を博した。これがネット上で話題となり、さらに人気は加速した。

2016年には、スマートフォンのアプリ版『刀剣乱舞――ONLINE-Pocket』が配信されはじめた。『ファミ通モバイルゲーム白書2020』によると、『刀剣乱舞――ONLINE- Pocket』が、2019年のモバイル機プレイ時間ランキングで9位にランクインし、年間[6]の総プレイ時間数が約400万時間に達しており、その人気は継続しているといえよう。

ゲーム『刀剣乱舞』からアニメ・ミュージカル・舞台化へ

ゲーム『刀剣乱舞』から火がついた人気は、アニメ、2・5次元ミュージカル、2・5次元舞台、映画など、ほとんどのメディアで展開されている。ゲームの配信年と同じ2015年には、すでに2・5次元ミュージカルのトライアル公演が行われ、翌年の2016年には2・5次元舞台とミュージカルが上演されている。通常、ゲームやアニメから舞台化されるまでには、数年を要することからも当時の『刀剣乱舞』のゲームにおける人気の高さを示していよう。

特筆すべきは、2016年には世界遺産の厳島神社での20周年記念奉納行事として、ミュージカル『刀剣乱舞』の特別講演が厳島神社内で行われたことであろう。また、2018年には第69回NHK紅白歌合戦にミュージカル『刀剣乱舞』の演者が出場まで果たしている(毎日新聞ホームページ)。

現在も、その人気は継続している。2020年6月9日13時の時点で、アマゾンにおける「ステージ」[7]ジャンルでのDVD部門の売上本数ランキングでは、上位10位のうち2位、3位、4位、7位、8位、10位を『刀剣乱舞』の商品が占めていた[8]。それらは、直近で発売されているものも多いが、2017年や2019年に発売されたものもあり、『刀剣乱舞』の人気は根強いものであるといえよう。

こうした動向は国内だけではなく、世界へも広がっている。ゲーム配信翌年の2016年にはすでに、上海の虹橋芸術センターで2・5次元ミュージカル部門の柿落《こけらお》とし公演を行い、2018年には日仏連携イベントである「ジャポニズム2018響きあう魂」で、欧州初の2・5次元ミュージカルの演目の一つとして「ミュージカル『刀剣乱舞』」が上演された。

さらに、2017年には、『刀剣乱舞』義伝暁の独眼竜」のライブビューイングが台湾・香港・タイで開催され、2018年にはパリ公演、2019年にはアジアツアーが行われ、上海、バンコク、マカオで上演されている（2・5次元ミュージカル協会ホームページ）。『刀剣乱舞』は2020年で5周年を迎えたが、その人気は国内外において継続しているといえよう。

行動範囲を現実社会に広げた『刀剣乱舞』のプレーヤーによる地域貢献

「刀剣巡り」を介した地域経済への波及効果

『刀剣乱舞』の大きな特徴は、社会的現象を巻き起こし、現実社会や地域経済にも貢献している点であろう。そのきっかけは、プレーヤーがゲームの中だけではなく、リアルな活動を行うようになったところからはじまる。

実際に、若い女性による刀剣巡りや博物館・美術館への刀剣に関する問い合わせが殺到するなどの社会現象を巻き起こした。それを反映して全国各地の博物館や美術館が、積極的に刀剣展示を開催するようになった。そうした『刀剣乱舞』の所縁の場所では、『刀剣乱舞』の配信以来、来館者の様相が年配男性から若い女性へと変わり、女性一人で来館するという、以前にはほとんどなかった光景が見られるようになった。そこには多くの『刀剣乱舞』のプレーヤーが詰めかけることから、地域の活性化にもつながっている。

たとえば、栃木県足利市は『刀剣乱舞』の刀剣の一つである「山姥切国広《やまんばぎりくにひろ》」の特別展「今、超克の

「山姥切国広 いざ、足利。」を足利市美術館で2017年3月4日から1カ月間開催している。「山姥切国広」は最初に本丸に迎い入れる(選ぶ)ことのできる刀剣男士5人のうちの一人で、人気の高い刀剣男士でもある。また、現存する「山姥切国広」は個人所有のものであることからも、滅多に見ることのできない貴重な刀剣の一つでもある。こうしたことから『刀剣乱舞』とのコラボレーションによる特別展やスタンプラリーなどによる足利市への経済波及効果は、約4億8635万円にも上った(足利市2017)。

この会期中の美術館への訪問者数は約3万8000人で、前年度の年間訪問者数の約2万6000万人をわずか1カ月で超えた。これは1994年の開館以来、最も多い入館者数であった。来場者の属性は20代が一番多く、次いで30代、それらを合わせて全体の70%を占めた。次いで多い10代を含めると、全体の85・3%を占めており、そのうち女性が97%であった(足利市 2017)。この結果からも、このときの足利市の来訪者のほとんどが『刀剣乱舞』のファンであったといえる。また、これをきっかけとして、地元商店街の飲食店を拠点とした『刀剣乱舞』のオフ会が結成された。

特別展と同時に、先述の『刀剣乱舞』の限定グッズがもらえるスタンプラリーも行われた。スタンプラリーの場所は、「山姥切国広」と関連する足利美術館、史跡足利学校、長林寺などの合計5カ所。史跡足利学校は、「山姥切国広」の刀工「堀川国広」が鍛刀を行なっていたという場所で、スタンプラリー期間中の入館者数は、前年度比の約4倍に達した。スタンプラリーの参加者は約3万人で、「山姥切国広」展示会の来館者全体のうち約80%がこれに参加したことになる。その結果、『刀剣乱舞』とのコラボグッツの売上総額は、約2112万円に達した。

こうした現象は足利市だけではなく、全国の美術館、博物館、寺社仏閣、刀鍛冶や刀剣所縁の地など、さまざまなところで起こっている。全国各地の『刀剣乱舞』の刀剣所縁の地には、多くの『刀剣乱舞』のプレーヤーが訪れ、それまでなかった熱気とまなざしが、刀剣に注がれるようになった。その結果、地域の活性化や地域経済に建設的な影響をおよぼすようになっていったのである。

地域の伝統文化「刀剣の継承」に貢献するプレーヤーの活動

『刀剣乱舞』のプレーヤーのリアルな活動は、刀剣巡りを介した地域経済の活性化だけではなく、地域の伝統文化である刀剣の継承にも大きな役割を果たしている。

伝統文化を守り、継承していくためには、その文化の本質的な文化的・伝統的な価値を損なわず、次世代へ継承していく必要がある。

伝統文化の中には、本質的な価値はそのまま保持し、柔軟に現在にあわせてデザインや仕様を変化させて、今日に継承されているものもある。かつて経済学者の宮本憲一が、京都には「生きた文化」があると述べていた。実際に、京都では、そうした伝統文化が現代に継承され、地域の資源になっている。たとえば、京都には「京懐石」がある。今も一般に食されており、「生きた文化」を継承している代表的な伝統文化の一つであろう。

一方で、食文化とは異なり、そのままの形で継承していくのが、むずかしいケースも多くある。刀剣の場合も、それにあたるだろう。刀剣自体は現代世代の生活様式の中で使われることがないため、その継承が食などと比べて相対的にむずかしい。そうした中で、『刀剣乱舞』は、これまでにほとんど見られなかった若い世代の刀剣の消費者と鑑賞者を作り出しており、この功績は大きいといえよう。

刀剣の継承で果たした役割は、それだけではない。たとえば、「燭台切光忠《しょくだいきりみつただ》」の発見に『刀剣乱舞』のプレーヤーのリアルな行動が、直接的に関係している。もともと水戸の徳川家が所有していた刀剣の所在が不明とされており、水戸徳川家の家宝を所管する徳川ミュージアムに「燭台切光忠」の記録についての問い合わせが殺到したため、収蔵品を精査したところ「焼失」と記されていた。しかし、実は現存しており、保管されていることが判明した(産経ニュースホームページ)。

また、行方不明や傷ついた刀剣などを復元するクラウドファンディング事業などでも、多くのプレーヤーが投資をすることで、短期間で多額の資金が調達され、刀剣の復元などに貢献している。最初の事業は2015年10月に2名の刀鍛冶が発起人となり、阿蘇神社(熊本県)に伝わる太刀で「来国俊《らいくにとし》(蛍丸《ほたるまる》)」を復元するためのものであった。これに対して5時間あまりで目標金額の550万円に達し、最終的には3185人から約4500万円もの資金を調達し、復元された太刀は阿蘇神社と関鍛冶伝承館に収められた(キャンプファイヤーホームページ)。

2017年には、久能山東照宮所蔵が所有する刀剣8振を修復するプロジェクトも開始からわずか6時間で目標金額の500万円に達し、最終的には4064人から2930万円を調達した。その中に『刀剣乱舞』の刀剣の一つである「ソハヤノツルキ」が含まれていたことから、制作会社のニトロプラスが全面協力し、刀剣男士「ソハヤノツルキ」の書き下ろしのイラストが返礼品とされた。

2019年にも石切劔箭神社が発起人として、「石切丸」の復元のための資金を募った結果、数時間で目標金額に達し、最終的に7980人から約8000万円を資金調達している(キャンプファイヤーホームページ)。

最近のものでは、岡山県瀬戸内市の自治体が行なったクラウドファンディングで、上杉謙信の愛刀「山鳥毛《さんちょうもう》」を生まれ故郷(産地)の岡山県瀬戸内市が買い戻すための「山鳥毛里帰りプロジェクト」がある。2020年3月31日時点で約1万7000人、153社から約8億8000万円もの資金が調達された。2020年9月10日から備前長船博物館にて、買い戻された「山鳥毛」の展覧会が開催され、そこで『刀剣乱舞』のオリジナルグッズの販売などが行われた(瀬戸内市ホームページ)。

加えて、『刀剣乱舞』のプレーヤーは、刀剣に対する学習意欲も高い。備前長船刀剣博物館の刀鍛冶である安藤祐介によると、同館で行われている「小刀制作講座」や「ペーパーナイフ制作体験」などでは、参加者の3分の2は女性で占められており、以前にはなかった光景であると述べている。さらに、刀剣の世界では鑑定会があり、そのための勉強法を学びにやって来る熱心なファンもいるという。

その勉強法とは、作者を隠して刀身のみで作者が誰かを見分けるというものである。こうした鑑定会の参加者は、以前は男性だけだったが、現在は女性も多く参加している。また、ファンの中には日本美術刀剣保存協会岡山県支部に入会する人もおり、その会員数は増加傾向にある。実際に『刀剣乱舞』の配信以後、2020年8月時点までに28名が新たに入会している。

こうした現実社会でのプレーヤーの動向は、刀剣に対する興味・関心が高く、熱心であることを示している。同時に、日本の伝統文化である刀剣の継承や振興に大きく貢献しているのである。

文化経済学において、文化の継承の仕組みは、伝達者(習いごとの指導者)から消費者(生徒・鑑賞者)に知識や技術が伝播され、学習を通じて、生徒から弟子になり、さらに弟子が生徒を持つという循環が繰り返され、継承される。また、作品（技術）を披露し、競う場所が提供されて、技術が磨かれ、産業として発展する。同時に、生産者の発表の場は刀剣人口（刀剣のファン）を増やすことにもつながる。こうした過程で文化は、継承・振興されるのである。

つまり、『刀剣乱舞』は、日本の伝統文化である刀剣を「生きた文化」として継承する一つの装置となり、新たな若い世代の鑑賞者や消費者を生み出している。それは刀剣の本質的な歴史的価値や文化的価値を損なわずに、生産者側にも建設的な影響をおよぼしているといえよう。

文化装置としての『刀剣乱舞』
——なぜコンテンツツーリズムの衝動に駆られるのか——

メディアを通して刀剣に触れる「エア刀剣巡り」

『刀剣乱舞』のプレーヤーは、刀剣巡りを介して地域の活性化に貢献し、さらには刀剣という日本の伝統文化継承の担い手となっていた。ここでは、そこに至る背景をプレーヤーの行動とそれにともなう社会経済の動向から考察することにしよう。

まず、プレーヤーの実在する本物の刀剣への興味・関心がいつ頃から高まりはじめたのかを見ていこう。プレーヤーが実在する本物の刀剣への興味・関心の高まりを表しているのが、『刀剣乱舞』のゲームが配信された２０１５年1月からの刀剣関連書籍の売れ行きや出版数である。

ゲーム配信直後の２０１５年1月下旬の新紀元社のツイッターでは、「注文殺到につき『名刀伝(２００2年)』の在庫がなくなってしまいましたが、重版が決定しております」「弊社通常重版冊数の5倍作ります」「地道に武器の本を作り続けてよかった」また、「特需」であることなどがツイートされている。

つまり、これまでは人気書籍ではなかったものが、刀剣乱舞のゲーム配信を機に突然、品切れになるほど売れたのである。こうした現象は新紀元社だけで起こったことではなく、今でも続いている。２０１9年にも岩波文庫から１９３9年に出版された『日本刀』が復刊し、3日間で在庫切れとなった。実際に、ゲーム配信以降、刀剣に関連する書籍の出版数は増加している。

２００4年以降から、これまでの刀剣に関する出版された書籍数を5年ごとに見ると、[9] ２００4～２００8年で出版された刀剣関連の書籍は約１８3冊で、美術館・博物館・民俗館や自治体、研究会や保存会などから出版された刀剣の作品集がほとんどである。その中で、唯一の一般書は文春新書から『日本刀：日本の技と美と魂(小笠原信夫著 ２００7)』が出版されている。

２００9～２０１4年は約１６7冊で、こちらも同様な作品集が多いが、アニメ関連では『エヴァンゲリオンと日本刀(全日本刀匠会事業部編 ２０１2)』と『「刀」大辞典 ゲーム・アニメ・ラノベ好きのための(レッカ社著 ２０１3)』の2冊が出版されていたのみである。

『刀剣乱舞』が配信されはじめた２０１5年1月から２０２0年7月17日までの刀剣に関する出版書籍数は、大幅に増加している。その数は約２４１冊で、２００9～２０１4年までの5年間のものに比べて70冊以上、約1・4倍に増加し、一般書が増えていることが特徴として挙げられるだろう。

その中でも、特筆すべきは、観光関連の書籍が出版されていることである。「刀剣探訪ぴあ(ぴあMOOK 2015年)」や『日本刀 五ヶ伝の旅(目の眼 2015年)』『刀剣聖地巡り(一迅社 2016年)』『京のかたな旅：刀剣聖地巡礼ガイド(ホビージャパン 2020年)』などである。

上述の「刀剣」書籍数に含んでいない『刀剣乱舞』のコミックスや舞台の戯曲などの関連書籍も64冊におよぶ。また、雑誌に関しても、ゲーム配信直後の2015年1月に発刊された『宝島別冊「日本刀」』は、累計で23万部を売り上げている。

また、通常は刀剣のテーマを取り扱わないような『BRUTUS(ブルータス)』で刀剣の特集号(2018年9月)や重版となった『刀剣乱舞』の5周年記念号(2020年1月)が講談社から発刊され、ホビージャパンからは『刀剣聖地巡礼ガイド』や『刀剣画報』が出版・発刊されている。

加えて、ここで説明した書籍・雑誌だけではなく、2017年1月から6月、2018年1月から3月、同年10月から2019年1月にかけてTOKYO MXで旅番組「刀剣乱舞おっきいこんのすけの刀剣散歩」が放送されるようになった[10]。これは『刀剣乱舞』のマスコットキャラクターの「おっきいこんのすけ」が、現存する刀剣を所蔵する博物館や美術館を巡る旅番組である(TOKYO MXホームページ)。同番組では、取り上げる刀剣の歴史的背景から鑑賞の仕方までを解説・リポートするという、近年の既存番組にはあまりないものといえよう。

このように『刀剣乱舞』のプレーヤーのニーズに対応して、各メディアが大きく動いている。この現象からも、『刀剣乱舞』のプレーヤーの多くが、刀剣の仕様や由来、歴史的背景、刀剣巡りの楽しみ方など、刀剣に関するあらゆる知識を書籍などから得ようとしていることがわかる。換言するとゲーム配信直後から、彼らはゲームのキャラクターとなっている刀剣に関連する情報を探究し、知識を蓄積している。こうした刀剣に関連する背景や歴史を知るために、書籍などメディアコンテンツの中で刀剣に触れる行動を「エア刀剣巡り」と呼ぶことにする。

想像力を掻き立てる「エア刀剣巡り」からリアルな「刀剣巡り」へ
――その鍵は「共感」と「共有体験」――

プレーヤーの「エア刀剣巡り」の行動の背景には、ゲームの中に物語性がほとんどなく、プレーヤー自体が物語を想像できる余白が多いことが挙げられよう。ただし「本丸」という本拠地が舞台として設定されている。本丸とは、プレーヤーと刀剣男士とが共に日常生活を送る家のような場所で、ここでプレーヤーは、さまざまな経験を積ませて強い刀剣男士へと育成する。

本丸で暮らす刀剣男士はプレーヤーおのおのが集めているため、三者三様の本丸が存在している。そこでは、刀剣男士同士が話していたり(ゲーム内の回想)、修行に出ている間は手紙を送ってきたりする。本丸でのさまざまな日常のやり取りの中で、刀剣男士のキャラクターを感じることができる。その刀剣男士のキャラクターの設定自体も、実在する刀剣の由来や逸話などの歴史的背景に基づいて作られている。

たとえば、刀剣男士の中には、志半ばで死去した所有者の刀剣もあり、その所有者への思いから歴史の修正を阻止するために集められているが、歴史を変えてもいいのではないか、と思っている刀剣男士もいる。実物などを参考にした写しという刀剣の背景を持つ刀剣男士の中には、そのことにコンプレックスを持っているものもいる。また、本丸で一緒に暮らしている刀剣男士の実在した所有者が、史実上では敵同士ということもあり得る。刀剣男士(刀剣)は時空を超えて召集されているため、さまざまな組み合わせやシチュエーションが存在するのである。

そのためプレーヤーは、一緒に本丸で暮らしている刀剣男士の思いや生き様にある背景や刀剣男士間の相性などを知りたくなり、刀剣男士の過去すなわち刀剣の歴史的背景などに興味・関心がわいてくる。それが刀剣の仕様や由来、所有者、それらの歴史的背景などさまざまな刀剣に関する知識を習得しようとする「エア刀剣巡り」の行動につながっているのである。

そして、プレーヤー自身が刀剣に関連する史実や背景を知ることは、プレーヤーそれぞれが自由に想像を膨らまし、自分だけの本丸すなわち「物語」を創り出すことにつながる。同時に、刀剣男士の過去を知り、想像性を高めることはキャラクターへの「情」や「共感」などを生み出すことにもつながる。そのことが、さらに刀剣について知りたくなり、実際の刀剣を見てみたい(会いたい)、刀剣に関わる所縁の地を巡りたいという、リアルな「刀剣巡り」の衝動を誘発するのである。

実際、ゲーム配信の同月の1月には新紀元社の『名刀伝』が即売し、その5カ月後の5月には東京国立博物館で「三日月宗近《みかづきむねちか》」と茨城県結城美術館でレプリカの「御手杵《おてぎね》の槍《やり》」、7月には徳川ミュージアムでの「燭台切光忠《しょくだいきりみつただ》」、8月には愛知県の徳川美術館で「鯰尾藤四郎《なまずおとうしろう》」の展示が続々とはじまり、多くの『刀剣乱舞』のプレーヤーが展示会に殺到した。そこでは『刀剣乱舞』のファンが熱心に刀の説明書きなどをメモする姿があった。先述のように、近年では、刀の見方など鑑定会への参加や保存協会への入会など、刀剣自体への関心が高まり、知識もより一層深いものになっている。

『刀剣乱舞』の場合、初期の段階は、ゲームコンテンツと「エア刀剣巡り」の往復から想像性を高め、自由に物語を想像する過程にある。その過程で生まれるキャラクターへの「情」や「共感」が没入する重要な要素になっているといえよう。それらの感情と蓄積した知識が、共に闘っている本物の刀剣(の姿)を見てみたい、感じたいという体験や、さらなる深い知識を得たいという衝動からリアルな刀剣巡りを誘発するのであろう。

実際の刀剣巡りの段階では、本物の刀剣を実際に見ることで、その真正性や美しさなどに「感銘」を受けると同時に、本物を体感・実感するという「時空(時代)を超えた共有体験」が重要な要素になっているのであろう。こうした体験が、全国におよぶ刀剣巡りや伝統文化の継承活動へとプレーヤーを動かす要因になっているといえる。

コンテンツツーリズム以前の行動過程の考察から、それぞれのプレーヤーは『刀剣乱舞』の「それぞれの物語」を通して、実在する刀剣をイメージし、解釈・認識していた。このことは『刀剣乱舞』が実在する刀剣の文化装置[11]であることを意味している。

したがって、コンテンツが文化装置として機能することにより、「刀剣巡り」というコンテンツツーリズムを誘発し、地域経済への波及効果を齎していたといえよう。それだけではなく、特筆すべきは、このことが伝統文化である刀剣の「歴史的価値」や「美的価値」の継承にも大きく貢献していたことであろう。

地域が維持可能な発展をするために、今、必要なこと
――文化の保全・継承と活用――

ゲーム『刀剣乱舞』を介したコンテンツツーリズムは、地域経済や地域文化の継承・振興に建設的な影響をおよぼしていた。その背景には、『刀剣乱舞』が日本の伝統文化である刀剣の文化装置の役割を果たしていることが挙げられる。そして「エア刀剣巡り」で掻き立てられた想像力がコンテンツツーリズムや文化の継承活動というリアルな活動を誘発していた。つまり、プレーヤーは実在する刀剣やそれに関連する所縁の地など「本物」を求めてリアルな活動を行っている。それが結果として、地域の経済や文化へ建設的な影響をおよぼしていたのである。

一方で、これらの社会経済的効果を地域の持続可能な発展につなげるための課題も残されている。『刀剣乱舞』の場合であれば、プレーヤーが地域を訪問する主たる目的は全国各地の美術館や博物館などでの刀剣展示会やイベントなどに参加することである。つまり、『刀剣乱舞』のファンは常設を除き、それが展示されるときやイベント開催時のみに訪問する人の方が多いだろう。それでは、イベント時のみとなり、一時的な効果はあるが、持続的な地域の発展にはつながりにくい[(12)]。

経済学者の宮本憲一（宮本1999）によると、地域経済の維持可能な発展のあり方は環境や文化の保全の枠組みの中での経済発展である。その条件の一つに、主体が地域であることを挙げている。地域とは、地域住民、自治体、地元企業、地元の団体・組織などのことである。その論理の背景には、利潤の最大化が目的である経済的な主体からは、非経済的価値である文化の保全・継承・振興を枠組

みとする経済発展の論理は出てこないため、地域が主体となる必要があるということである。[13]

つまり、地域が主体となって地域文化を継承していく必要がある。なぜなら、地域の伝統文化は地域から生まれたものであるからこそ、地域固有のものとなる。地域によって継承されることで、本物という真正性が保持または担保される。これが重要であるのは、先述の通り、プレーヤーやファンは、地域によって継承されている歴史や文化を本物であると認識し、それを求めてやって来るためである（清水２０２１）。したがって地域が地域文化を理解し、関心を持つことが前提となるだろう。

作品所縁の地を巡る旅から地域文化の担い手へ

同時に、コンテンツのプレーヤーやファンを関係人口として定着させることが求められている。

コンテンツツーリズムの場合、プレーヤーやファンは、はじめのうちはコンテンツが好きで、それに描かれた景色と同じロケ地（聖地）などを訪れるが、再訪回数が多い人ほど、その地域の人や食を含む地域の文化を好きになることで再訪する傾向がある（清水２０１８）。たとえば、そのきっかけは『刀剣乱舞』の場合であれば、オフ会や勉強会のグループなどを各地域が持つことかもしれない。それらは地元のプレーヤーで作られたものかもしれないし、地域の文化施設や刀剣の保存会などが主催する講習会などかもしれない。こうした地域での活動を通して、地域の人と触れ合い、地域を好きになってもらう方法もあるだろう。

こうした点が重要であるのは、特に近年、地方都市は少子高齢化が進み、地域の文化を担う若者が少なくなっていることが挙げられる。そうした現状において、コンテンツのプレーヤーやファンは、特定の地域や場所の魅力を再認識させてくれ、魅力を高めてくれるだけではなく、地域文化の継承の一端を担う存在でもある。それゆえ、彼らを巻き込み、相互作用しながら、一体となって地域文化の継承や振興を行うことが一層求められているのである(清水2021)。

そして、自治体はそれに連動した地域政策や文化政策を実施する必要があろう。たとえば、街を住民と共に協議して整備することや、コンテンツの背景にある歴史的人物や建物、景観などにも範囲を広げて地域資源として保存・活用すること、訪問者と住民にとって快適な空間にすることなどである。同時に、住民の地域文化に対する意識や認識を高めるためにも、文化施設による出前授業のような歴史や文化継承事業などの文化政策の実施も長期的な視野で行っていかなければならない。

したがって、コンテンツを一つの起点として、観光振興だけでなく、包括的な戦略で街を再構築することも重要な要素となるであろう。コンテンツ関連のイベント時の訪問だけではなく、それがきっかけで地域を好きになってもらい、再訪し、地域と関わる機会を増やして、関係人口として定着させることが持続可能な地域の発展には求められているのである。

04

行政の応援を武器にする

観光伝道師の役割を果たすユーチューバーたち

チャンネル登録者数が548万人の「東海オンエア」

ユーチューバー「東海オンエア」を観光資源とする岡崎市

ここではユーチューブという新たなメディアが実現させるコンテンツツーリズムについて考えてみたい。今までコンテンツツーリズムの研究では、小説、漫画、アニメなどが具体的な研究対象として取り上げられてきた。しかし、近年では社会の情報化の進展で、インターネット上でコンテンツ作品が生産され、消費されるようになっている。

そうした中で、インターネット上のコンテンツをきっかけにしたコンテンツツーリズムも生まれてきている。その代表例が動画共有を目的にした、ソーシャルメディアのユーチューブであろう。

ユーチューブでは、誰でも自由に動画を投稿することができる。また、投稿された動画は世界中で視聴されている。世界におけるユーチューブの1日あたりの累計総視聴時間は、10億時間以上にもなる。日本でも多くの人がユーチューブを利用しており、総務省情報通信政策研究所が公表した「平成30年度情報通信メディアの利用時間と、情報行動に関する調査報告書」では、主なソーシャルメディア系サービス／アプリなどの利用率で、10代から40代にかけて80％以上がユーチューブを利用していることが明らかになっている。利用率は、50代においても70％以上が、60代ですら約40％を誇っていることからも、いかにユーチューブが私たちの日常生活の一部になっているのかがわかるだろう。

このように多く人々がユーチューブを利用している中で、ユーチューブで生計を立てる者も登場している。それがYouTuber(ユーチューバー)と呼ばれる存在だ。ユーチューブでは、テレビのCM用に、動画が再生される前や再生中に広告が表示される。その広告の出稿費の一部は、広告がついた動画の投稿者が手に入れる仕組みになっている。ユーチューバーとは、動画を投稿し、そこにつく広告費の一部を得ている人々のことである。

ここではユーチューバーが投稿する動画が、コンテンツツーリズムにつながるということを取り上げたい。事例として、愛知県岡崎市で活動するユーチューバーグループ「東海オンエア」に注目する。東海オンエアは、主に愛知県岡崎市内で動画を撮影しており、その動画を見ている視聴者の中には、そこに写っている実際の場所を訪れる者もいる。

この動きは、これまで見られたアニメ、マンガ、小説、映画などのコンテンツ作品に登場する舞台やモデル地へのツーリズムと、どのような違いがあるのだろうか。東海オンエアの事例を通じて、情報社会のコンテンツツーリズム――「ユーチューブ時代のコンテンツツーリズム」――のあり方について考えてみることにしよう。

東海オンエアは、2013年から活動を開始した愛知県岡崎市で活躍するユーチューバーグループだ。メンバーはてつや、りょう、しばゆー、としみつ、ゆめまる、虫眼鏡の6人からなる。メンバーのうち5人が同じ高校の元同学年で、残り1人はリーダーのてつやと同じバイト先の先輩だ。彼らはユーチューバーとして、活動をはじめる前から友人関係にあった。

このように、もとから仲の良かったメンバーたちで結成されているグループなだけあって、投稿される動画からも、彼らの仲の良さがわかる。彼らがユーチューブに投稿する動画はさまざまなジャンルのものがある。何かについて実験をしてみたり、自分たちで作った独自の遊びを遊んでみたり、時にはドラマやコントに挑戦したり、メンバー同士で対決したりもする。また、彼らの動画にはメンバーだけでなく、メンバーの家族やメンバーの友人なども頻繁に登場する。

ユーチューブでは、動画はチャンネルという単位で投稿がなされるが、東海オンエアを含め多くのユーチューバーは、メインチャンネルとサブチャンネルの2つのチャンネルを所有し、チャンネルごとに動画を分けて投稿している。メインチャンネルには主な動画を投稿し、サブチャンネルはメインチャンネルに投稿した動画に収まりきらなかった映像やメインチャンネルの動画の舞台裏を撮影した映像などが投稿される。サブチャンネルの方は、動画編集がしっかりとなされないものも多く、東海オンエアのサブチャンネルに投稿される動画を見ていると、どこか素人が撮影したホームビデオのような印象すら受ける。

市役所観光推進課内「岡崎フィルムコミッション事務局」が後押し

ユーチューブにはチャンネル登録という、新しい動画が投稿されたことを視聴者に伝える機能があるが、東海オンエアの2020年8月、現在のチャンネル登録者数は548万人だ。つまり、548万人のユーチューブユーザーは、東海オンエアが新しい動画を投稿することを心待ちにしている、というように読み取ることもできるだろう。

ちなみに、株式会社オモシロが運営するウェブサイト「ユーチュラ」で公開されているチャンネル登録者ランキングでは、東海オンエアのチャンネル登録者数は日本で第7位に位置する。また、株式会社BitStar（ビットスター）が独自に集計したデータ「インフルエンサーパワーランキング 2020年上半期 by BitStar」では、2020年上半期の最も再生されたチャンネルが東海オンエアであり、2020年の1月から6月にかけて、計3億3494万回再生されたという。

このように日本を代表するユーチューバーグループのひとつと言ってもいい東海オンエアだが、興味深いのは、彼らはどれだけ有名になろうとも、活動の場を愛知県岡崎市から移さないことだ。彼らは投稿する動画の大半を愛知県岡崎市内か、その周辺で撮影している。ただの撮影場所として岡崎市を選択しているのではなく、動画内では愛知県岡崎市の良いところを積極的に紹介もする。

たとえば、2018年9月1日に投稿された「【推理なし】岡崎の謎は俺らに任せろ！　岡崎青年探偵団！」という動画は、岡崎市内の事件を探すという名目で、市内の店舗や公園を東海オンエアメンバーが訪れるという「ゆるい」雰囲気の動画だ。この動画を見た視聴者は、東海オンエアの動画を視聴することで、岡崎市内の観光スポットも知ることができる。

ところで、2016年8月から東海オンエアは、岡崎観光伝道師に任命されている。芸能人が観光大使になることはよく耳にするが、先に紹介した通り、岡崎市内で動画を撮影しつつ、市内にある名所や観光地などを紹介している東海オンエアは、実際に観光伝道師としての役割をよく果たしている印象を受ける。ちなみに余談になるが、毎年彼らは観光伝道師に任命される様子も動画としてユーチューブに投稿している。動画の中では、スーツを着ることなく、悪ふざけにも取れる格好で市長と対面する様子が毎年、動画に収められているが、市の職員や市長はそれを寛容な態度で受け止めている。

さて、岡崎観光伝道師としての東海オンエアについて述べるには、岡崎市の公式観光ウェブサイトである「岡崎おでかけナビ」に注目するのが良いだろう。岡崎おでかけナビでは、東海オンエアの特集が組まれ、「東海オンエア聖地巡り」のモデルコースなども提案されている。

その中には、彼らが動画内でよく訪れる飲食店やメンバーのうち5人が卒業した岡崎城西高校までもが登場する。このように岡崎市は、東海オンエアを観光資源としてとらえているのだ。その証拠に、岡崎市では市内各所に東海オンエアメンバーの等身大パネルを設置したり、岡崎城などで各メンバーのブロマイドをプレゼントしたりということを市の公式事業として行っている。

ここからわかるように、岡崎市は東海オンエアや彼らの動画撮影に非常に協力的だ。同市役所観光推進課内には、「岡崎フィルムコミッション事務局」が設置されており、映画、テレビドラマ、CMなど、映像作品のロケーション撮影を誘致し、実際のロケがスムーズに進行できるように、映像制作者と地元の施設・企業・行政などとの調整を支援している。

実は、東海オンエアの動画は、この岡崎フィルムコミッションの支援を受けて撮影されている。同事務局のウェブサイトの中には、「東海オンエアの動画支援実績一覧!」というページがあり、そのページを見るといかにフィルムコミッションが、東海オンエアの撮影に協力しているのかがわかる。フィルムコミッションは、テレビや映画、CMの撮影をサポートするための組織というイメージがあるが、岡崎市ではユーチューバーである東海オンエアの動画撮影でも、施設利用の調整などを積極的に行っている。

フィルムコミッションが介在することで、東海オンエアは岡崎市内にある公共施設などで撮影を行えたり、岡崎市内を流れる川に入ったりなど、岡崎市内で自由に動画撮影を行うことが可能になる。たとえば、2019年6月17日に投稿された「【大貸切】真夜中のイオンモールで警備員から逃げながら隠された私物を探し出せ!」は、イオンモール岡崎内で東海オンエアが鬼ごっこをするという動画だった。この動画で岡崎フィルムコミッションは、イオンモール岡崎やそこに入っているテナント店舗との利用調整を行っている。

フィルムコミッションが存在することで、ユーチューバー個人で交渉することが困難な施設の撮影が行えるようになっていることは興味深い。東海オンエアは岡崎市に協力してもらうことで、おもしろい動画を撮影することができ、動画の再生数やチャンネル登録者数が伸びる。

逆に岡崎市は、東海オンエアの動画の中に岡崎市が登場することで、市としての知名度を上げる。また、次に説明するが、岡崎市を訪れる新たな観光客を得られる。こうしたWin-Winの関係を築いた東海オンエアと岡崎市の事例は、多くの自治体で参考にできるのではないだろうか。

動画に登場する岡崎市を訪れる「東海オンエア」のファン

東海オンエアの動画では、彼らが日常的に生活する愛知県岡崎市が頻繁に登場するが、その岡崎市を体験するために、東海オンエアのファンは実際に岡崎市を訪れて、「聖地巡礼」をしている。

東海オンエアファンたちの聖地巡礼の実態をくわしく見てみるために、ソーシャルメディアの

Twitter(ツイッター)上で「東海オンエア」「聖地巡礼」というキーワードを入れて検索をしてみよう。すると多くのファンが岡崎市を訪れ、東海オンエアの聖地巡礼をしていることがわかる。

それではファンたちは、どのような場所を訪れているのだろうか。

岡崎市観光協会では、岡崎市を訪れた東海オンエアファンたちに、2019年10月1日から2020年3月31日にかけて「東海オンエア聖地投票」という調査を実施し、人気の観光スポットを明らかにしている。その結果が図表4-1である。

1位から3位までを飲食店が占めており、4位以下からは東海オンエアがよく撮影で使用する場所や東海オンエアに関連する展示などが行われている場所がランクインする。ちなみに、1位の「キブサチ」は、東海オンエアと仲が良いサチオさんが店主を務めるラーメン屋だ。

サチオさんはたびたび東海オンエアの動画にも登場し、メンバーがサチオさんのモノマネを動画内で披露するなど、ファンの間ではかなり有名な存在になっている。2位のまんぷく家も同じくラーメン屋だ。こちらのラーメン屋は、家系ラーメンというジャンルのラーメンを提供するお店となっている。家系ラーメンは、神奈川県横浜市

図表4-1　東海オンエア聖地投票結果

順位	聖地名	得票数
1	キブサチ	268
2	まんぷく家	205
3	暴れん坊チキン	162
4	岡崎公園	146
5	サイエンスバー・フラクタル	143
6	イオンモール岡崎	100
7	南公園	83
8	太田商店らんパーク	71
9	オムライスのさん太	68
10	東公園	54
11	カクキュー八丁味噌の郷	45
12	ウィングタウン	24
13	道の駅「藤川宿」	18
14	JR岡崎駅・出会いの杜公園	17
15	石工団地	14
16	大樹寺	14
17	奥殿陣屋	13
18	岡崎市美術博物館	7
	合計	1452

出典：岡崎おでかけナビ

が発祥のラーメンなのだが、ファンたちは愛知県に出かけて、わざわざ横浜をルーツに持つラーメンを食べている。愛知県にはさまざまな名物があるが、それを差し置いて、横浜市でも食べられるジャンルの料理を自ら望み、食べる東海オンエアのファンたちには驚く。しかし、ファンたちからすれば、このラーメンは、自分たちが日々、見ている東海オンエアがよく食べているラーメンであり、特別なものなのであろう。

ところで東海オンエアは、各メンバーが個人としてもユーチューブチャンネルを持っている。東海オンエアのメンバーのひとりであるりょうは、自身のチャンネルである「ブラーボりょうのボンサバドゥ！ チャンネル」内で、東岡崎駅前に自身がプロデュースするカフェ「R COFFEE STAND（アールコーヒースタンド）」をオープンさせるという企画を行った。この店は完全予約制だが、東海オンエアの聖地巡礼をする多くのファンが訪れている。りょうは、自分がこの店を作った理由を全国から岡崎市に訪れる視聴者のためと説明している。

また、2020年8月12日に投稿された「岡崎市の壁にスプレーアートしたら凄い作品誕生…!!」という動画では、岡崎市を訪れる自分たちのファンを意識し、市の許可のもと岡崎市内にある店舗の壁に、東海オンエアのメンバーたちがスプレーアートを描いている。その動画が投稿されてから、そこまで日が立たないうちにこの原稿は書かれているが、こちらも岡崎市を訪れる東海オンエアファンたちにとって人気の観光スポットになりそうだ。

このように東海オンエアのファンたちは、動画に登場する場所や東海オンエアに馴染みが深い場所を訪れている。また、メンバーも岡崎市を訪れる視聴者の存在に自覚的であることを指摘できるだろう。本書の中で何度も登場する通り、コンテンツツーリズムの定義は、「地域に『コンテンツを通じて醸成された地域固有のイメージ』としての『物語性』『テーマ性』を付加し、その物語性を観光資源として活用すること」というものだ。

アニメ作品の舞台やモデルとなった場所をファンが巡る「アニメ聖地巡礼」では、その場所がアニメの舞台となることで、地域に固有のイメージや物語性が付与される。しかし、東海オンエアの場合は彼らが動画の中で訪れるありふれた場所が、東海オンエアが動画内で訪れたということだけで、テーマ性が付与され、観光資源になるという見方ができるだろう。そのことを東海オンエアも岡崎市も認識しており、両者の間では協力関係が結ばれていた。

ユーチューバーのマネジメント会社の役割とは?

このように愛知県岡崎市で活躍する東海オンエアを取り上げて、ユーチューブ時代のコンテンツツーリズムについて議論してきた。読者の中には、ユーチューブに親しみのない方もいるかもしれないが、ここまで読み、東海オンエアのようなユーチューバーを芸能人のようなものと、とらえるかもしれない。

確かに東海オンエアは、最近ではテレビに出演することも増え、東海ラジオで『東海オンエアラジオ』というレギュラー番組も持っている。しかし、彼らの活動の根幹は自分たちで動画を企画し、撮影し、編集し、自分たちのユーチューブチャンネルにアップロードすることにある。その点で、テレビ番組などのコンテンツ作品に出演することを主とする芸能人とはやはり異なる。

そのことをより深く理解するために、彼らの所属する「事務所」について触れたい。東海オンエアは現在、UUUM(ウーム)株式会社という事務所に所属している。ウームのようなユーチューバーが所属する事務所は、「マルチチャンネルネットワーク」と呼ばれる。ユーチューブによる公式の説明では、マルチチャンネルネットワークについて、次のように説明される。

> マルチチャンネル ネットワーク（MCN）とは、複数のユーチューブチャンネルと提携し、視聴者の開拓、コンテンツのプログラミング、クリエイターのコラボレーション、デジタル著作権管理、収益化、営業などを含むサービスを提供するサードパーティサービスプロバイダです。

マルチチャンネルネットワークには、複数のユーチューバーが所属している。実際にウームにも、東海オンエア以外に、多くのユーチューバーが所属している。日本で最も有名なユーチューバーであろう「HIKAKIN」や先にも名前を挙げた「はじめしゃちょー」などもウーム所属だ。こうした所属ユーチューバーたちの視聴者の開拓や他のユーチューバーとのコラボレーション、著作権管理、営業活動などを行うのが、マルチチャンネルネットワークなのだ。

ここまで聞くと、それはやはり芸能事務所のようなものではないかと思う読者もいるだろう。確かにマネジメントという点では、芸能事務所と同じような役割をマルチチャンネルネットワークは果たす。しかし、芸能事務所は積極的な営業活動を行うことにより、所属する芸能人に番組出演などの仕事を契約してくることが大きな役割であるのに対し、ユーチューバーは事務所が頑張らなくとも、自らで勝手に動画を作成し、公開し、それが収益になる。

マルチチャンネルネットワークの営業は、あくまでもユーチューバーの日々の収益活動を補うものと見た方が良さそうだ。この点で芸能人とユーチューバーでは、事務所との関係が決定的に異なる。ユーチューバーの活動自体は、必ずしもマルチチャンネルネットワークに所属しなければできないわけではない。現に最近では、多くのユーチューバーがマルチチャンネルネットワークから独立し、個人で活動するようにもなっている。

また、ユーチューバーたちは、多くの芸能人のように事務所がある場所(たとえば、ウームであれば東京)に活動拠点を移す必要もない。ドラマや映画などのマス向けコンテンツは、コンテンツの作成に多くの人員を必要とするため、どうしても東京や大阪などの大都市に制作機能が集中していた。そこに出演する芸能人も大都市に移り住んで、活動をする必要があった。

しかし、ユーチューブの動画は、インターネットに接続したパソコンと個人でも購入できるビデオカメラなどの機材があれば、日本中どこにいても動画を投稿し、ユーチューバーとして活動ができる。だからこそ、東海オンエアのように、東京にオフィスを構えるマルチチャンネルネットワークに所属しながらも、地方に在住しながら活動を行うことが可能になる。

ウームでは、芸能事務所でいうマネージャーに類似する職である「バディ」と呼ばれるスタッフたちが定期的に日本各地で活躍するユーチューバーのもとを訪れたり、ユーチューバーが定期的に東京に上京したりするなどしながら、ユーチューバーのマネジメントを行っている。東海オンエアの住む岡崎市にも、東京からバディーがたびたびやってくることが動画内で言及されている。

ユーチューブ時代のコンテンツツーリズムについて、東海オンエアを例に取り上げて論じてきた。しかし、こうした話は東海オンエアに限ったものではない。同じように地方で活躍するユーチューバーは、静岡県の「はじめしゃちょー」、佐賀県の「釣りよかでしょう。」など枚挙に暇がない。ここで挙げているのは、チャンネル登録者が何万人もいる有名なユーチューバーであり、実際には無名なユーチューバーも含めれば、日本には地域で活動しているユーチューバーが無数にいる。

どんなユーチューバーにも少なからずファンがついており、ファンの中には「ユーチューバーがいつもあそこで動画を撮影しているから」「あそこに行けばあのユーチューバーに会えるかもしれない」という理由で、観光行動を行う人がいることを想定できる。

「コミュニケーションの媒介」となるインスタグラム

ここからはユーチューブ時代のコンテンツツーリズムが生まれる理由について、もう一歩踏み込んで考えてみたい。なぜ、東海オンエアのような存在が生まれ、彼らに縁のある場所をファンは訪れるのか。その背景には、コンテンツをめぐる価値の変化も関係している。それはコンテンツ作品自体に価値を見出すことから、コミュニケーションの媒介としてコンテンツに価値が見出されるようになったという変化だ。

濱野智史(2008)は、動画共有サービスであるニコニコ動画を分析している。濱野は、ニコニコ動画では動画の内容自体ではなく、動画をネタにしながらユーザー同士がコミュニケーションを行うことの方が、主目的になっていることを発見した。ニコニコ動画のユーザーの多くは、その後ユーチューブへと移動してしまったが、動画をネタにユーザー同士がコミュニケーションを行う構図自体は今日のユーチューブ上でも見られる。そのひとつがコメント欄だ。ユーチューブでは投稿された動画に対して、視聴者が自由にコメントをつけられる。

そのコメントに対して動画投稿者を含む他のユーザーたちが返信したり、共感した場合には、評価をつけたりすることができるようになっている。また、今日ではソーシャルメディアのツイッターの存在も軽視できない。

東海オンエアのメンバーは、それぞれ独自のツイッターアカウントを持っている。ツイッターについては動画内でもたびたび言及され、ツイッター上で動画の感想を本人に送るファンの姿やファン同士で東海オンエアの話題をするという光景もよく目にする。ニコニコ動画的な構図は、ユーチューブのコメント欄やユーチューブと連携して使用されるツイッターに生き続けているのだ。

ここで一度ユーチューブから目を離して、別のソーシャルメディアであるInstagram(インスタグラム)に注目してみたい。近年「インスタ映え」という言葉を耳にすることが増えた。これは写真や動画を投稿するソーシャルメディアのひとつであるインスタグラムに投稿した写真が「映える」ことを意味する言葉だ。

インスタ映えは、食べ物や自撮りの写真に対しても使用されるが、風景写真に対しても使われる。また、インスタ映えする風景が撮影できるスポットを「インスタ映えスポット」と呼ぶこともある。

インスタ映えスポットの中で、有名なもののひとつに、茨城県の国営ひたち海浜公園がある。この公園には、季節ごとに咲くさまざまな花が植えられているが、ネモフィラ畑がインスタ映えするとして、インターネット上で話題になった。国営ひたち海浜公園は、以前から観光地としては有名だったが、インスタグラム上に投稿されたネモフィラ畑の写真を通して知った人も多いのではないだろうか。

ただし、その際にみんなが同じ写真を見たわけではないというのが、ここで重要になる点だ。インスタグラム上でネモフィラが話題になったのは、誰かが投稿したネモフィラ畑の写真を見たユーザーが、自分も現地で同じようなネモフィラ畑の写真を撮影し、それを見た誰かが同じような写真を撮るという連鎖反応があったからなのだ。

ユーザーたちの興味・関心は、ネモフィラ畑にもあるとは思うが、それ以上に自分でネモフィラ畑の写真を撮影し、インスタグラムに投稿することで、ソーシャルメディア上で他のユーザーとのコミュニケーションを行うことにあったのではないだろうか。

だからこそ、インスタグラム上でネモフィラ畑の写真は多くのユーザーによって投稿され、話題となったのである。このインスタ映えするネモフィラ畑の事例も、濱野が指摘するコンテンツ自体ではなく、それをネタにしたユーザー同士のコミュニケーションに比重が置かれていることを示すものだと、私は考えている。

ユーチューブもインスタグラムも、どちらもソーシャルメディアである。動画と写真という違いはあるものの、誰かが撮影したコンテンツがソーシャルメディア上に投稿されている点では一緒だ。ユーチューブには、チャンネル登録の機能があることはすでに紹介したが、ユーチューバーとしてより有名になるには、自分のことを知り、チャンネル登録している者以外の新しいユーザーにいかに動画を見てもらうかが重要になる。そのためには、サイトとしてのユーチューブ内やツイッターなどの他のソーシャルメディア内でいかに自分の動画が話題になるかが重要になる。

その際に大切になるのが、やはりユーザー同士のコミュニケーションだ。東海オンエアの企画の中には、多くの人が真似をしたくなるようなものも多い。そうした動画は、インスタグラムのネモフィラ畑のように他のユーザーたちにも真似をされ、コミュニケーションのネタに使われる。時にツイッターで言及され、他のユーチューバーによる同種の企画動画が投稿される。それがユーチューブやツイッター上での自分たちの名声につながり、より多くの人々に動画が視聴されるようになる。

この構図は、東海オンエアファンたちの聖地巡礼、すなわちユーチューブ時代のコンテンツツーリズムにも大きく関係している。さきほども取り上げた2020年8月12日に投稿された「岡崎市の壁にスプレーアートしたら凄い作品誕生…‼」という動画で考えてみよう。

この動画内では、東海オンエアのメンバーたちが岡崎市内にある店舗の壁にスプレーアートを描いている。これは、この場所をファンたちが訪れ、そこで写真を撮影することを狙ったものだ。スプレーアートがある壁面を訪れたファンたちは、当然そこで写真を撮り、ソーシャルメディア上に掲載するだろう。それがツイッターであれば、その画像を見た他の東海オンエアファンたちは同じように現地を訪れ、写真を撮影するし、東海オンエアのファンではないユーザーが見れば、その画像をきっかけに東海オンエアのことを知り、新たにファンになるかもしれない。

岡崎市で行われているのは、東海オンエアのファンたちによる聖地巡礼だが、同時にソーシャルメディア上では、東海オンエアの動画をネタにしたユーザー間でのコミュニケーションが行われている。その過程で東海オンエア自身は、より多くの知名度を獲得していく。ユーチューブ時代のコンテンツツーリズムの背景には、こうした構図が存在している。

「誰かが誰かのファンである」社会で育てられるクリエーター

ユーチューブ時代のコンテンツツーリズムに関連して、このほかにも指摘しておきたいことがある。それはユーチューバーに代表される(コンテンツ)クリエイターたちとファンたちの近さだ。

アニメやマンガ、映画などの従来のコンテンツ作品では、作品が流通するプラットフォームのキャパシティの都合で、そもそもの作品総数には限界があった。そのため自ずとクリエイターの総数にも限りがあったのである。

また、クリエイターになるためには、流通や企業など数多くの人々にオーソライズ(正当と認められること)される必要があり、極めてハードルが高かった部分がある。しかし、今日ではユーチューブなどのプラットフォームを用いれば、誰でも自由に映像や画像などのコンテンツを投稿できる。誰でも自由にコンテンツを投稿できる時代のクリエイターとファンは、あくまで相対的な役割にすぎない。

たとえば、10人しかチャンネル登録者がいない泡沫ユーチューバーのユーチューブチャンネルがあったとして、それをチャンネル登録し、毎回、動画がアップロードされるのを心待ちにしている視聴者がいれば、それはファンと呼んで差し支えないし、そのファンのひとりはチャンネル登録者数が何十万人もいるチャンネルを所持するユーチューバーの可能性もある。

このように誰でも、自由にインターネット上で創作活動ができることになった結果、世の中には無数のクリエイターたちと無数のファンが登場した。誰でもクリエイターになれ、誰でも誰かのファンになれる時代なのだ。

２０００年ごろ、インターネットの普及によって個人による情報発信が容易になった際に使われだした言葉に「1億総表現社会」というものがあるが、ソーシャルメディアが実現したのは、「1億層ファン社会」なのだ。「誰かが誰かのファンである」、そういう社会を私たちは生きている。そうした時代のコンテンツツーリズムが、東海オンエアのようなユーチューバーによって生み出されているのである。

コンテンツツーリズムの隣接概念に、「ファンツーリズム」というものがある。臺・幸田・崔らは、アイドルグループ「嵐」のファンを対象に、ファンツーリズムでどのような行動がなされているかを分析している(臺・幸田・崔 2018)。その中では、ファンがアイドルグループのコンサートに遠征して参加することやグループメンバーが訪れた店やロケ地となった場所を計画的に巡ることなどが示されている。

東海オンエアのファンの中には、岡崎市などで開催される東海オンエアが参加するイベントに遠征し、東海オンエアのメンバーが訪れる店、あるいは動画の撮影場所を訪れる者がいる。そのため、その点は大きな違いがないように感じる。しかし、臺らが指摘したテレビで活躍するアイドルグループと、東海オンエアのようなユーチューバーとで大きく異なるのは、ファンツーリズムの起こりやすさである。

みんなが誰かのファンである社会は、ファンツーリズムが、これまでよりも頻繁に起こる。その際には、きちんと作り込まれたテレビドラマのロケ地などではなくとも、誰かが投稿したホームビデオのようなゆるい動画に写っていた場所ですら、ファンたちが訪れる可能性がある。そのことを東海オンエアは先鋭的に示してくれている。これもユーチューブ時代のコンテンツツーリズムの大事な特徴のひとつだろう。

しかし、こうした構図は、ときにファンによる過剰なファンツーリズムをも引き起こす。実際に、東海オンエアのリーダーであるてつやは、ファンのひとりである女性によってストーカー行為をされ、その女性が警察に逮捕されるという事件が起きている。女性が、てつやをストーキングできたのは、動画内に登場した派手な塗装の車が停めてある家を手がかりにできたからという、ユーチューバーならではの理由がそこにはあった。このようなクリエイターとファンの距離が近すぎてしまう問題は、ユーチューブ時代のコンテンツツーリズムの負の側面と言えるだろう。

東海オンエアを事例にユーチューブ時代のコンテンツツーリズムについて考えてきたが、この新たなコンテンツツーリズムは、今後もさらに盛り上がっていくと考えられる。ソーシャルメディアは時代によって隆盛が激しく、今後はユーチューブ以外の新たなソーシャルメディアが台頭する可能性もあり、そこでもコンテンツツーリズム現象が起きているかもしれない。

しかし、その際に見られるのは、ユーチューブで見られるコンテンツツーリズム像とそう大差ないのではないか、と私は考えている。なぜならコンテンツ作品自体ではなく、それを利用したコミュニケーションに価値が見出されることや無数のファンが誕生することは、ユーチューブだけに限らない。今後、登場するソーシャルメディア全般にも通じる性質だと考えられるからだ。

その性質がソーシャルメディアがきっかけで起きるコンテンツツーリズムには、すべからく反映される。近年では、ユーチューブなどのソーシャルメディアを意識し、旧来のドラマや映画などのコンテンツ制作にも変化が訪れている。そうした点も含め、ユーチューブ時代のコンテンツツーリズムは、今後も各所に大きな影響を与えるだろう。引き続き、注目していく必要がありそうだ。

05

次世代へつなぐ

「地域に根づくコンテンツ」を継承する

漫画家「小山田いく」の「社会化」で課題が浮き彫りに

地域コンテンツに恵まれてきた「長野県小諸市」の歴史

長野県小諸市は人口約4万1000人、上田市などと共に、東信と呼ばれる長野県東部に位置する地方都市である。江戸時代には小諸藩城下町として、江戸・関東と結ぶ中山道が軽井沢信濃追分で分かれた北国街道の商都として栄えた。

城下町と街道の宿場町を受け継ぐ小諸駅周辺が現在でも中心市街地で、市役所などがある。鉄道開通以後も引き続き佐久地方の商業の中心地として栄え、信越本線時代の小諸駅は、特急全便が停車する主要駅であったが、長野新幹線(現在は延伸されて北陸新幹線)は、南隣の佐久市にある佐久平駅経由となった。

このため新幹線駅を中心に佐久市の新興市街地に賑わいが転移し、小諸市は相対的にさびれ、人口も減少している。市街地は市内を貫流する千曲川を底とする浅間山麓の台地の急斜面に広がり、市街地から千曲川までの高低差は、100メートルほどある。この地形上に築かれた小諸城は、城下町より下に位置する穴城と呼ばれる特徴的なものであり、城跡は小諸城址懐古園(日本唯一の「穴城」であり、日本100名城にも選ばれている)として、観光名所となっている。

小諸は佐久地方の中心地であったことから私塾小諸義塾が創設された関係もあり、多くの文人墨客が往来するきっかけともなり、文学史跡も多い。その代表的な人物が島崎藤村であり、『千曲川旅情の歌』は小諸を象徴する地域コンテンツと言えよう。小説や随筆、民謡といった従来からの地域コンテンツと共に、映画では『男はつらいよ寅次郎サラダ記念日』（1988）、アニメでは『あの夏で待ってる』（2012）『ろんぐらいだぁす！』（漫画原作・アニメ化2016、小諸とのコラボは2017）などがある。また、漫画家小山田いく、たがみよしひさ兄弟の出身地でもあり、小山田いく『すくらっぷ・ブック』（1980）をはじめ、作品中には小諸が多く描写されている。小諸は時代やジャンルを超えて豊富な地域コンテンツを有するとともに、注目されるコンテンツツーリズムが、以前から自然発生していた地域である。

コンテンツツーリズムが長きにわたり続くということは、その関係者も年齢を重ね、やがていなくなるということであろう。しかし、近代の文人墨客《ぶんじんぼっかく》などのように歴史上の人物となり、郷土の偉人ということになれば、作品ともども郷土の地域遺産として不動の地位を得る。こうなれば地域コンテンツは安泰であり、後世はそれをどうツーリズムに活用していくか、ということが大事になる。小諸における島崎藤村などは、まさにそれに当てはまるだろう。

しかし、その反面、映画やアニメや漫画というジャンルは、最近のコンテンツである。そのため、それらが郷土遺産として後世に定着し、地域コンテンツとして評価が定まるのかは、いまだわからない。そしてコンテンツと同時代のファンが多く存在し、さまざまなファン活動を続けているなど、現在進行形でコンテンツツーリズムが展開している。

しかし、そのファンも高齢化していく中で、彼らが愛して止まないそのコンテンツは、上手く次世代に継承されなければやがて忘れられるかもしれない。コンテンツの賞味期限、一過性はコンテンツツーリズムにつきものの課題である。本章では多くのファンに慕われ、小諸への来訪をうながすことになった小諸市出身、在住の漫画家「小山田いく」が、2016年に死去したことを踏まえ、コンテンツツーリズムの担い手の継承という問題を考えてみることにしよう。

観光資源としての役割を立ち枯れさせないために

長野県は観光県でもあり、従前からコンテンツツーリズムについても多くの実績があり、自治体も積極的な傾向にある(風呂本2015)。小諸市においても、こもろ観光局は観光のひとつとしてコンテンツツーリズムを打ち出している。ただそれは、観光局がコンテンツツーリズムすべてを統括しているということではないし、基本的には各コンテンツのファンなどからの自発的な活動があり、行政が主導して行っているわけではない。では、小諸におけるコンテンツツーリズムと行政との関係は、どのように整理されているのであろうか。

地域の観光振興を担う自治体の部局と言えば、一般的には産業振興課あるいは観光振興課という産業関連の部局が考えられる。小諸市にも商工観光課は存在するが、コンテンツツーリズムには基本的に関わっていない。その代わり4年前に社団法人「こもろ観光局」が立ち上がっていて、ここがコンテンツツーリズムを扱う部外の局である。これは当時、地域おこし協力隊として商工観光課に配属された人が、小諸の日本版DMO(観光物件、自然、食、芸術・芸能、風習、風俗など地域にある観光資源に精通し、地域と協同して観光地域作りを行う法人)の立ち上げ時期に、民間から観光局を設立するということで移籍したものである。

さて、行政人事というものは必ず異動があり、異動にはノウハウの継承問題が発生する。そして異動に絡んで起きる行政に関係する事業の問題として多く見られるのが、予算切れによる中止であり、属人的ノウハウの継承ができずに立ち消えとなることである。残念な話であるが、立ち上げ当事者の思い入れが深くても異動があれば、その事業から外れることになり、必ずしも後任の思い入れが深いとは限らない。

もちろん、仕事であるから勝手に止めるわけにはいかず、一応は継承される。しかし、その事業のノウハウは往々にして属人的なものになりがちで、いくら書面や予算を引き継いだところで、後継者にノウハウを習得するその気がなければ、やがて事業継続は形式的なものになる。その結果として縮小廃止となってしまう、いわゆる不作為による立ち枯れ案件というものである。

商工観光課におけるコンテンツツーリズムの実情は、もとより行政主導で行っていないうえに、このような異動によるノウハウの継承問題から、ほぼ後任者が従前の活動を知らない状況であった。コンテンツツーリズムだけではなく、その他のツーリズムやプロジェクトでも同様であるため、異動でノウハウが途切れることのない「観光のプロになるべき」部局が必要ではないかと考えられたのである。

現在、商工観光課では基本的にインフラ関係の整備など行政が行うべき事業、あるいは国や県の方針を受けて行う事業などと、役割分担を行っている。観光振興を中心に担う観光局としては市からの委託料を減らし、当初目的の観光DMO組織を作り、収益事業化していくことを目標とする。

ただ、コンテンツツーリズムに関しては日も浅く、ノウハウが観光プラットフォームという形にはなっていない。これはコンテンツツーリズムの特性でもある、作品や作家への興味や関心、思い入れの強さ、といったものが個別案件であり、ノウハウも個別的であるからである。

作品の生き字引的な人がいて、あるコンテンツツーリズムのノウハウが作られても、その人がいなくなれば同じようにはできなくなる。そもそもファンの思いがわからなければ、事業の実施は無理であるし、そのような当事者ののめり込み具合が成功の可否を左右する。まさに作品への好き嫌いそのものが、事業に直結しているのである。

たとえば現在、観光局では初代小諸藩主の仙谷秀久を主人公にした宮下英樹の漫画『センゴク』による「歴史コンテンツ×漫画コンテンツ」のコラボでコンテンツツーリズムを支援しているが、やはりイベントとしては「小諸センゴク甲冑隊」などの熱心な市民の方々の応援活動は不可欠であろう。

コンテンツツーリズムの特性を考えれば、確かに限られた行政（あるいは行政に委託を受けた）のメンバーがコンテンツツーリズムを全面的に取りまとめるのではなく、作品ごとに熱心なファン活動の側面支援を行う方が良いのかもしれない。

ただしコンテンツツーリズムにつきものの、著作権やロイヤルティなどでコンテンツホルダーとの関係性がむずかしい場合には、行政による調整やとりまとめといった支援も必要と考える。

なぜ、「映画 寅さん」と「アニメ なつまち」の広がり方が違うのか

小諸においてもコンテンツツーリズムは行政主導で行っているのではなく、基本的にはファンの自

発的な活動である。その中でも映像系コンテンツとして映画『男はつらいよ 寅次郎サラダ記念日』（1988）、アニメ『あの夏で待ってる』（2012）の事例を継続性という観点から見てみたい。

「寅さん」に関わるコンテンツツーリズムは、1988年『男はつらいよ 寅次郎サラダ記念日』公開（舞台・小諸）、1995年「渥美清こもろ寅さん会館」オープンという時系列的な流れはあるが、実際にはそれ以前からのファン活動、とりわけ寅さんの俳優である渥美清と地元の名士である井出勢可《いでせいか》氏との個人的な友情によるものが大きい。

井出氏は渥美清が、1960年代の新人の頃から深い交流があった。寅さん映画がヒットしてシリーズ化した後も渥美清は、たびたび井出氏のいる小諸を第二のふるさとと称して訪問しており、井出氏は地域活性化のために渥美清に『男はつらいよ』の誘致を相談していたという。小諸への寅さん映画の誘致後、さらに井出氏が私財をつぎ込み「渥美清こもろ寅さん会館」が完成したのである。

開館翌年の1996年に渥美清は死去してしまったが、館長として井出氏は渥美清の功績を伝えるよう積極的に運営を行い、最盛期は年間10万人以上が訪れていた。同館は映画にまつわる写真や資料など約1700点を所蔵し、渥美清の国民栄誉賞の盾なども展示し、好評を得ていた。

しかし、2004年に市の方針が変わり、館への補助金がなくなり2011年には、井出氏自身が病で倒れたりと、徐々に運営がむずかしくなった。入館者数も減少し、2012年には井出館長の死去により翌年に、「渥美清こもろ寅さん会館」は閉館した。再開前提で施設は市に譲渡されたが中止になり、現在に至るも再開の予定はない。

もちろん井出館長以外にも小諸には「寅さん」映画のファンは存在し、「コモロ寅さんプロジェクト」

などの活動が見られる。また、寅さんサミットへの参加などの個別のファンの動きはあるが、コンテンツツーリズムとして、「寅さん」を特に行政からしかけたような話はない。

実は閉館した「渥美清こもろ寅さん会館」は、市が施設を引き継いだ関係もあり、小諸市は新しい活用方法を目指して10年後の事業化を公募した。これには2者が応募したが、事業化計画が甘いことと、「寅さん」のブランド維持を理由として映画会社の松竹株式会社(以下、松竹)が却下したため落札できなかった。「寅さん」を好きな人はいるが、持続性を持って引き継げないというのが現状である。なおこれにより館内の収蔵物は3年前に整理・返却されており、現在は記念館には「寅さん」の銅像が残るのみとなっている。

「寅さん」の事例は、コンテンツに思い入れが深く、コンテンツホルダーとも個人的な関係を持つ、「特別な個人」にすべてを依存した状況でのコンテンツツーリズムであったと言えよう。そのため当事者が死去してしまうと、それまでの努力はすべて水泡に帰してしまったのである。

「渥美清こもろ寅さん会館」とは私財を投じて、ある意味で個人の思い入れとも言える「マイ(MY)、寅さん」を開陳したとも言えよう。残念であるのは、そこから「アワー(OUR)、寅さん」として継承されなかったことであろう。結局、「井出 勢可の寅さん」で終わってしまったのである。

なお、もうひとつ指摘しておきたいのが、コンテンツホルダー(コンテンツの所有者)とのむずかしい関係である。井出氏は渥美清との個人的な交友関係を持っていたことで、映画会社の松竹とも関係を持ち、並々ならぬ努力をして「渥美清こもろ寅さん会館」を維持管理することができたと考えられる。それは「寅さん」というブランド力を持つコンテンツは、それを扱うことを可能にするだけのコネクションなり、スキルがないと容易には扱えないことを意味する。コンテンツホルダーである松竹は、今までの事例を見ても、ことさら作品のブランドイメージにこだわり、版権管理などが厳しい映画会社である（風呂本2013、2018など）。当地でもそれは変わらず、引き継いだ会館の再開ができない大きな理由が、松竹側に提示された条件を満たす巨額の事業費問題と版権問題であった。

松竹もコンテンツを活用する地域側に、もう少し寄り添ってもよさそうなものだが、ビジネスとして考える松竹側に対して、ファンとしての甘い考えは通用しない。この事例からもコンテンツツーリズムを行う地域にとって、松竹は誠にハードルの高い存在であると言えよう。

「ファン」「地域」「コンテンツホルダー」のバランスをとる大切さ

アニメ『あの夏で待ってる』（2012）（あの夏、なつまち――以下「なつまち」）は、アニメや漫画の舞台探訪や聖地巡礼というコンテンツツーリズムがほぼ確立した時期であり、本作品を事例に多くの研究論文などがあるので、詳細についてはそちらを参照してもらいたい。

ここからは本作品の大要を要約しつつ述べることにしよう。

「なつまち」制作に当たっては、制作側が「小諸フィルムコミッション」にロケハンの支援を要請した。小諸フィルムコミッション側の対応は極めて素早く、制作側と共同でロケハンを実施することとなり、小諸フィルムコミッションも、舞台となる風景の紹介や製作スタッフだけの取材が困難な場所へのアポ取りなど、地域民だからこそ、できる形で制作側のロケハンを支援した。

2012年「なつまち」放映後、小諸には、多くのファンが訪れた。「なつまち」が「おねがい」

シリーズの系譜を引く作品であり、同シリーズの固定ファン層が、多数小諸にも押し寄せたと考えられる[(1)]。これに呼応するように、2012年3月、小諸市役所・小諸商工会議所・小諸観光協会・しなの鉄道・小諸フィルムコミッションなど地域の幅広い団体が関与して「なつまちおもてなしプロジェクト」が立ち上がった（釜石・岡本2015）。

同プロジェクトの広報・企画担当でもある花岡隆太氏によれば、アニメ舞台になることのリスクをリストアップし、マイナスに振れないようにとの対策から立ち上がったものだと言う。つまり、地域活性化の組織ではなく、リスクマネジメント的な考えで動く組織である。

アニメ聖地巡礼が町おこしのブームになりかけ、安易な取り組みが失敗事例ともなる頃であり、時《じ》宜《ぎ》を得た方針と言えよう。同プロジェクトの初動は、ファンと地域とコンテンツホルダー3者のバランスを取ることからはじまった。

具体的には、「なつまち」を地域に知ってもらう周知活動とファンへの注意事項の呼びかけ、ファンとの意見交換会であった。意見交換会は、ファンが実に200名も参加し、公民館の畳敷きの部屋で、今後の地域にファンが求めていることを吸い上げるというスタンスであった。

その結果、巡礼マップの制作・配布、しなの鉄道でのラッピング電車、市立小諸高原美術館・白鳥映雪館での「あの夏で待ってる2015展」、饅頭・バインダー・ポストカード・お米などのグッズ類販売など、さまざまな取り組みにつながった。特に、作中にも登場した小諸の地域祭事「こもろドカンショ」では、「なつまち連」が結成された。同じ東信地域である上田のコンテンツツーリズム、アニメ『サマーウォーズ』の「サマーウォーズ連」を見習ったと考えられる。コスプレでの参加も可能とし、ファンと地域とが、一体となって踊りを楽しんだ。

一方で、これだけの積極的な活動を見せながらも、「なつまちおもてなしプロジェクト」は、収支計算・予算計画にシビアな姿勢を取っている。継続性を保つにはここが一番重要であるとして、「予算が100万円あったとしたら、50万円の損益分岐点の予算書を作る」と決め、赤字リスクを極力回避するように心がけている。資金面での継続性という視点は、個人の持ち出しや使い切りの予算が枯渇して、プロジェクト自体が継続できなくなるケースも散見されるだけに重要である。

同プロジェクトは、会長が旅館「中棚荘」経営者の富岡正樹氏、実質的な中核となる広報・企画担当が「菱野温泉薬師館」経営者の花岡隆太氏であり、民間主導ということから経営意識が高い運営方針と言えよう。

同プロジェクトは年1回のペースで、「なつまち」ポスターを制作している。ポスターには、地域の軒先に貼ることで、ファンを歓迎すると共に、地域の作品に対する理解を深める効果があるが、同時にファン向けに販売することで収益を見込んでいる。そのため同プロジェクト側は、ポスターを利用するに当たり放映後も「描き下ろし」にこだわっている(花岡・柿崎2016)。

さらに助成金制度も上手く活用し、描き下ろしポスター「声優の方からのコメントを掲載し、さらに特別感のある」巡礼マップの制作・グッズ(タンブラー)を制作した。コンテンツホルダーとの関係も花岡氏を中心に長い活動を通じて経験を積んでいると考えられ、財源を可能な限り確立し、収支を均衡させる方向で継続を図っていると言えよう。

「なつまち」はこのような継続スキームを擁し、「こもろドカンショ」や「薬師館交流会」など、現在でも従前ほど大々的にではないがイベントを行い、新作グッズなどの制作を行っている。ファン層も固定化しつつある一方で、近年は東南アジア圏のファンが小諸へ聖地巡礼観光に来訪しており、根強い人気を保っている。「なつまち」のファン層は「寅さん」ファンに比較すればまだ若く、受け入れ側の活動継続があれば、リピーターとして当分の間は小諸に来訪するものと考えられる。

小山田いくファンと商店街の「40年の交流」が小諸市を聖地へ

まずは「なつまち」から話を接いで、述べていくことにしよう。

「なつまち」がらみの取り組みに熱心な小諸の各商店・事業者は、決して少なくはない。たとえば、駅近くの喫茶店「自家焙煎こもろ」、駅前の土産物店「お土産のみやさか」、写真店「桜井写真商会」なども、「なつまち」グッズを販売したり、展示したりと、積極的な様子が見える。

駅近辺公園の運営・管理を担う「NPO法人こもろの杜」も、観光スポットでもある昔ながらの建築様式「本陣主屋」の指定管理者として運営に入り、「なつまち」ファン向けの休憩所「なつまちおもてなしサロン」を設置している(おもてなしサロンは、2017年に閉館)。

実はこれらの取り組みが顕著な事業者はみな、「なつまち」以前から、漫画家小山田いくファンをもてなし、一定の交流関係が構築されているスポットばかりである。「本陣主屋」にいたっては、「小山田いく先生追悼資料展」のメイン会場として貢献してきた。小山田いくファン来訪時代からの交流が、直近の「なつまち」における各事業者の熱心な取り組みの下地になっている。それは1980年代の小山田いくファン来訪時代から脈々と続き、「なつまち」に受け継がれている。

小山田いくが、故郷の小諸市を舞台とした青春ラブコメディ『すくらっぷ・ブック』で連載デビューしたのは、1980年である。[2] この作品は前3作の短編から『春雨みら〜じゅ』の柏木晴《かしわぎはる》を主人公とし、これら3作すべての登場人物を含めた「市立芦ノ原中学校」での学園生活（2学年進級から中学校卒業まで）を描くというものであった。連載中から人気作品となった『すくらっぷ・ブック』は、小山田いく本人出身の芦原中学校が、ほぼそのまま描かれたのをはじめ、随所に実在の小諸の風景が描かれたため、ファンは連載中より小諸市を舞台探訪に訪れた。

また、ファンによっては、小諸市内の小山田いくの仕事場に直接、足を運び、何度も遊びに来るほどの交友関係も築いていた。単行本には、ファンが仕事場に遊びに来る様子も描かれており、当時の小諸駅前交番には、小山田いく当人寄贈・小山田いく仕事場までの順路を示す地図まで置かれていた、と言われている。

ファンが作品のモデルとなった舞台を探訪し、その舞台に住まう作者に会う、というまさに昨今のいわゆる聖地巡礼、コンテンツツーリズムを40年前に行っていたのである。

小諸市あるいは長野県を舞台としたと思われる青春群像ものの作品は、月刊誌連載の『星のローカス』や週刊誌連載の『ぶるうピーター』『ウッド・ノート』と続く。これらの作品は、直接的には小諸市を舞台にしてはいないが、作中に出てくる背景などは、それとなく小諸や長野県を感じさせる描写が多い。作品に描かれる背景について、この時期のファンが発行した同人誌などでは、現在の舞台探訪同人誌やサイトなどで行われるような場所の推定などが、すでに行われている。
「小山田いく＝小諸」、信州というイメージから小諸に憧れて旅行するファンも急増したことで、小山田いくの仕事場への多くの来訪はさすがに本人の仕事に支障をきたすようになり、これまでのように簡単には会えなくなった。

一方、その人気を反映して１９８０年代中盤には、50～１００人規模におよぶ複数のファンコミュニティが存在しており、彼(彼女)らはユースホステルやキャンプ場での集会、合宿など大規模なファン集会・聖地巡礼観光を自発的に行うようになる。40年前に10代、20代の若者だけで、現在のコンテンツツーリズムイベントに匹敵する活動を自主イベントとして行っていたのである。

また、１９８０年代半ばには、小山田いくの実弟「たがみよしひさ」が青年誌で連載していた『軽井沢シンドローム』の人気も、作品の舞台である信州への憧れと旅行行動を促進したと考えられる。『軽井沢シンドローム』も文字通り、軽井沢を中心として実際の風景が描写されている。

たとえば、主人公たちのたまり場である喫茶店「ら・くか」は、モデルが軽井沢駅前に実在し(喫茶、古月堂)、店内は来訪したファンによってびっしり名刺や定期などが貼られており、ファンのたまり場、聖地となっていた(古月堂は、２０１８年に閉店)。軽井沢と小諸の間は電車やクルマでも30分くらいであり、両方の作品のファンも多く、かけ持ち聖地巡礼旅行も盛んであった。

時間とともに育まれた地元商業関係者の「聖地巡礼」への深い理解

このように１９８０年代には全盛であった「小諸詣で」とも言える小山田いく聖地巡礼は、「すくらっぷ・ブック世代」がやがて社会人となり、年をとり、忙しくなるのと共に沈静化していく。ひとつには、小山田いく自身が１９８７年発表の『マリオネット師』以降は作風も舞台も変わり、ラブコメ青春群像劇から社会問題、環境問題を扱うようになり、やがてミステリー・ホラー漫画を描くようになったためと考えられる。それにより初期からのファンが離れ、小諸への舞台探訪の意味が薄れた。

しかし、すべてのファンが去ったわけではない。小山田いく本人を慕う者は相変わらず「小諸詣で」を続けたし、ファンの聖地巡礼の行動が沈静化したことによって、再び小山田いく本人との交友関係を深めるチャンスは相対的に増えたと言えよう。さらに小諸に憧れて小諸に転居するという、これも昨今のコンテンツツーリズムで、アニメの舞台や制作会社に憧れて転居や転職をするパターンを先取りした行動が見られた。

そして小山田いくファンの小諸での集会は、規模を縮小こそすれ、連綿と毎年行われた。小諸駅近くの民宿「懐古苑」は、ファンの合宿場所として聖地化し、ファンとは30年来のつきあいとなっている。また、民宿のみならず、小諸駅近辺には喫茶「アモン」をはじめ、先に述べたように小山田ファンとの交流が、30年あまり長年続いている店舗も少なくない。

この30年近く培われた経験から小諸(特に駅前相生町商店街)には、舞台探訪・聖地巡礼というコンテンツツーリズムの行動に対する理解が、すでにあったと言えよう。このことが、アニメ「なつまち」絡みの行動に対する、地域の理解の早さにつながったと考えられる。

小山田いくファンによる自主的な舞台探訪、それを受け入れる作者自身(コンテンツホルダー)・地域住民による三者の関係性が構築されていた。それが「なつまち」到来に際し、地域側の理解をうながす「下地」になっていたことは、冒頭の通りである。

「小山田いく没後の再評価」の中で生まれた軋轢《あつれき》

小山田いくは、残念なことに2016年3月23日に自宅で死亡が確認された。死後、小山田いくの存在を「社会化」[3]していく中でさまざまな課題が浮き彫りになった。

小山田いくは、家庭の事情から当時はひとり暮らしであり、小諸周辺に住むファン数名が時折身辺の手助けをしていた。患ってはいたが健筆であり、1週間前に地元のファンが会っている。多くの同世代人がその死を悼んだが、彼の漫画が1980年代半ばに、当時の青少年に与えた影響の大きさを改めて気づくことになった。また、多くのファンが再び「小山田いく作品」に回帰することとなった。

そこで小諸ではファン有志により、小山田いくゆかりの品物を展示する「小山田いく先生追悼資料展」が、2016年4~8月にかけ開催された。仲間同士で「先生を慕うみなが集まる場を設けたい」と考え、全国の約10人が、所蔵のイラスト原画など思い出の品を持ち寄り、小諸駅前「小諸宿本陣主屋」と合宿所の民宿「懐古苑」に遺品を展示した。このような展開も、地域・作家・ファン三者間による長年の交流あっての賜物と思われ、古参・新参多くのファンが訪れた。

しかし、この追悼行事は古参のファンの間に軋轢《あつれき》をもたらした。この30年来の長きにわたるファン活動では、小山田いく本人との親交が深まったことで、直筆のイラストなどお宝を手に入れたファンも多く、一部の古参ファンによるコレクションの開陳を巡っての争いが起きた。

追悼資料展の展示物の扱いをきっかけに、仲間同士とは言いながら、実際には外から見れば小山田いくビッグネームファン達のマウンティング(自分の優位性を示す)争い、あるいはヘゲモニー(覇権)争いとも思われた。古参の小山田いくファンの一部は、「自分こそが小山田いく先生と特別に親しかった」「プライベートを知る昔からの特別なファン」というマイ(MY)小山田いく意識を強く出していたのである。

自分を褒め称えて欲しい意識をにじませた展示での争いは、それを具体的に示すものであった。個人的な趣味としての遺品コレクションを否定するものではないが、この状態では遺品を地域コンテンツとしてみなでまとめて収蔵保管し、活用する。つまり、小山田いくを地域の歴史遺産として、地域共有の財産として継承していくアワー(OUR)小山田いくという思考は生まれない。

亡くなった小山田いくが再評価される今、次世代の若いファンに向けての継承活動をしていこうという発想は、むしろ小山田いくの死去にともない再びファン活動に戻ってきた、あるいは新しくはじめた新参者の方にあった。特に精力的な活動を開始したのが、「小山田いくプロジェクト」である。

小山田いくプロジェクトは2016年5月、追悼資料展に集まった有志で「小山田いく先生の名前を後世に残す」ことを目的として、非営利団体として活動を開始した。同団体によれば、その特色は以下の通りである。

最初に「小山田いくの語り継ぎ」という明確な目的を設定、目的に対し、ブレーンストーミング的な分析、

整理を行い、行動の大枠を決めたのちに各実施項目に落とし込んで活動を開始している。

また、分析、整理した結果に対し、初期調査に時間をかけ、そのうえで各関連組織に並行してアプローチをかけている。そして、小諸というすでにコンテンツツーリズムの経験を持った土地に対して、過去の経緯、関連組織調査などから活動をはじめている。

このような形はこれまでの個人的散発的なファン活動とは違い、組織的かつ系統だった活動と言えよう。小諸市に対しても「小山田いく作品のメッセージ性と小諸市への寄与の可能性」という題でプレゼンテーションを行い、小山田いく作品を通した小諸市の情報発信と、その作品の世界を通した小諸市への寄与の可能性や教育への寄与の可能性を説き、コンテンツツーリズムを積極的に推進した。

小諸市は以前から小山田いくとファンの聖地巡礼行動の存在を認識こそすれ、行政がコンテンツツーリズムに絡むことはなかった。観光案内所のノベルティグッズとして小山田いくがデザインした「小諸すみれ姫」のイラストを依頼した程度である。また、ファンの行動も直接市への働きかけというものは、ほとんどなかった。

小山田いくプロジェクトの代表である橋本氏の小諸への働きかけは、市役所のみならず商工会議所や駅前相生町商店街、図書館など以後、多岐にわたり大々的に行われるようになる。

まず、2017年には市立小諸図書館への小山田いく全著作物の寄贈を行い、6月に特別企画展示『漫画家 小山田いく小諸の作家 小山田いくの仕事』を企図する。その後、パネルなどの展示物とともに郷土コーナーには、小山田いくを常設展示することとなった。

もとより図書館では小山田いくの生前には漫画教室を行ったり、郷土資料として『すくらっぷ・ブック』などを扱っていた。2015年に新装オープンした図書館は広く、小山田いくの誕生月の6月には、中央の展示コーナーに本を持ってくるなどの工夫で多くの人に見てもらえるようになった。『すくらっぷ・ブック』は芦原中学校が出てくるなど身近な存在として子どもたちも手に取り、郷土コンテンツとして継承されている。

小山田いくプロジェクトは複数のメンバーで構成されていることから、活動もそれぞれ担当者が分担している。小諸でのファン集会は「小山田いくを偲ぶ会」として、2017年に開催されたものを篠原氏が引き継ぎ、2018年、2019年と合宿形式で行われた。

貸し切りバスで「市内聖地巡礼」を行い、十数名が夜を徹して小山田いくについて語り合い、継承問題を討論するというのは、40年続いた交流の

図書館郷土コーナーの「小山田いくコーナー」
小山田いくプロジェクトの代表橋本氏の働きかけで図書館に常設展示されることになった。郷土コンテンツとして継承されている。
筆者撮影

場としての伝統を接ぐものであろうかと感じられた。

また、2018年には、大洋図書から電子書籍での復刊が開始された。多数の出版社にわたっていた作品を集約し、埋もれていたものを発掘して電子書籍として世に出したことは、ネット時代における小山田いくの継承活動という点での功績であろう。久しく絶版となっていた初期作品が蘇り、回帰してきた「すくらっぷ・ブック世代」にも、当時を知らない若い読者にも朗報であった。小山田いくプロジェクトの中野氏は、これをツイッター上で応援拡散する活動を引き受けている。

さらに2019年には電子書籍の販売促進とコンテンツツーリズムのランドマークとして駅前の相生町商店街に「すくらっぷ・ブック」などの等身大キャラクターポップの設置運動をはじめる。このように小山田いくの死後、小山田いくプロジェクトはさまざまな活動を展開した。

矢継ぎ早な小山田いくプロジェクトの活動に対しては賛同も多いが、古参のファンからの反発もあった。橋本氏は古参のファンたちが、30年間も小山田いくを遺すために社会的な活動をしていないと喝破し、自分たちは次世代のファンに向けた活動を

小山田いくデザインのコミュニティバス貸切
「小山田いくを偲ぶ会」としてファンが貸切バスで「市内聖地巡礼」を企画した。
筆者撮影

するから古参は相手にしないという態度を取った。小山田いくが存命中に古参のファンが次世代継承の活動をするには、さすがに思い至らないとも思えるが、橋本氏や中野氏などは、小山田いくが死去した後も相変わらず、古参ファンの閉鎖的なコミュニティでの状況に絶望して諦めたと言う。

このように小山田いくプロジェクトが、主に橋本氏の行動で小諸市を巻き込みながら先々に活動を展開していく中で、ある意味古参のファンは置いてきぼりを喰らう形になったことで、ますます断絶することになった。私的なファン活動マイ（MY）小山田いくと、社会的なファン活動アワー（OUR）小山田いくとは相容れないということだろうか。狭い小山田いくファン社会の中でいがみ合うのではなく、本当は古参ファンの知見も合流した共同が理想的と考えられるのであるが[4]――。

小山田いくが「小諸ふるさと遺産」選定候補へ。そして取り消しへの理由

さて、小山田いくプロジェクト橋本氏の小諸市への働きかけは、関係人口創出や市のプロモーションを担う企画広報係へもおよぶ。もともとコンテンツ関係では「なつまち」のラッピングトラックの運行とふるさと納税返礼品としてのポスターを手がけたところ話題となり、テレビ放映などの効果があったなどの実績がある。

このようにファンを受け入れる土壌はあり「小山田いく」「すくらっぷ・ブック」は地域性を持ち、未知数ではあるがファンは関係人口に足りえるとして、ふるさと納税と返礼品についての検討をはじめた。

また、橋本氏は小諸市教育委員会への「小諸ふるさと遺産」の推薦も行った。「小諸ふるさと遺産」

は市独自の文化財などの認定制度であり、市内の文物、自然環境など、推薦者が後世に残していきたいお宝と思うものを遺産として推薦、選定委員会の審議を経て市教育委員会が認定する。認定された場合には、小諸ふるさと遺産集への掲載や認定証の交付を行い、市の公式サイトや広報こもろなどへ掲載することで周知を図り、生涯学習や観光への一助とすることになっている。

「小山田いくの作品」は、橋本氏の推薦により、２０２０年度小諸ふるさと遺産候補として選定され、認定は、８月開催の教育委員会にて決定した。

ところが急転直下、８月下旬「小山田いくの遺族の代理人」なる人物から、遺族の許諾を得ていない旨のクレームを受けてふるさと遺産認定は取り消しとなる。しかし、ふるさと遺産の主旨を鑑みれば、むしろ遺族という直接の関係者の許諾なり、依頼なり、申告という形で関係性を持ってしまった者が推薦する方が、かえって倫理的に問題があるのではないだろうか。

また、この人物は非公式と公言してきた小山田いくプロジェクトのTwitterアカウントに対しても、名称がオフィシャル団体と誤認されかねないという指摘を行い、名称変更の要請を行った。さらには、商店街キャラクターポップの撤去、団体名、ＳＮＳアカウント名、オフ会など、すべてについて今後「小山田いく」の名前を使用する場合は、「代理人の許諾が必要である」旨の通達をしてきたのである。こと小山田いくの名称使用についてなどはファン活動全員に関わる案件であるから、さすがにここまでくると過干渉ではないかと考えられる。

遺族の代理人なる人物が、遺産の著作権に絡む財産権に関して、代理人たる仕事を行うことは当然であろうが、それとは関係ないとしか思えない部分にまで小山田いくプロジェクトの活動に制限をかけるような行動は理解に苦しむ。遺族代理人を続けるうちに、小山田いくというコンテンツに自意識が同化してしまい、まさにマイ(MY)小山田いく、となってしまったのだろうか。

この「小山田いくの名称を使用する」問題に関しては、電子書籍の版権で遺族と直接接点を持つ大洋図書が関係者の調整に入り、12月に遺族の許諾と小山田いくプロジェクトの公認という形で一応の整理をみた。

幸い問題は一応沈静化したとはいえ、一方で小山田いくプロジェクト、特に橋本氏の行動はいささか性急すぎたかもしれない。小諸市に働きかける活動は彼ひとりで行ってきたものであり、ファン多数の意思なりをまとめあげたわけではない。ここで本来の主旨に立ち返れば、ふるさと遺産などはファンの総意として推薦していれば、展開が違ったかもしれない。

それまでの経緯から確かに古参のファンに見切りをつけてスピーディに動きたいという橋本氏の行動となったのであろうが、それは外から見れば私的な行動に他ならないスタンドプレーである。しかも小山田いくプロジェクトは、いまだに橋本氏が表に出ることはない、ファンにとっては外から見て代表の顔がみえない団体である。

このため小山田いくプロジェクト自体が独断専横なファン活動、(メンバーが複数としても)結局マイ(MY)小山田いく的な活動に陥り、結果的に遺族代理人と個別対峙させられるような状況になってしまったのではないだろうか。

こうして改めて小山田いくのファン活動を振り返れば、結局、どこまでいっても個人の域を出ていないと言えよう。残念ながら組織的な理念のもとでの共同や協働といった活動には、いまだに至っていない。同世代人の私たちも若くない、次世代に継承できる期限は迫っている。社会的な大人としてお互い協力しながら、小山田いくというコンテンツを「社会化」していく時期ではないだろうか。

06

計画的に観光客を招く

経済効果は数百億円！ 大河ドラマが呼び水に

観光名所となった九度山町、浜松市、玉名市

常に視聴率と次回作が話題となるＮＨＫ「大河ドラマ」

ＮＨＫ大河ドラマ（以下、大河ドラマ）は、基本的に１年をかけて１人の人物の生涯を描いていく大型時代劇ドラマシリーズである。１９６３年４月７日から放送された第１作『花の生涯』にはじまり、２０２１年２月から放送の『青天を衝け』で60作目となる。

ちなみに大河ドラマという名称は第２作『赤穂浪士』からで、第１作は大型娯楽時代劇と呼ばれていた。大河ドラマは読売新聞が人の生涯を描く大河小説にならって呼びはじめ、通称となった。カラー化は第７作『天と地と』ではじまり、『いだてん』からは４Ｋ映像で撮影されている。総合放送の放送時間である日曜夜８時からが定着するのは、１９７０年の第８作『樅ノ木は残った』からだ。

放送は１月から12月の１年間に約50回が基本日程となるが、１９９３〜１９９４年の第31作『琉球の風』は６カ月、第32作『炎立つ』と第33作の『花の乱』は９カ月と変則的な放送期間になった。主な時代背景は、平安後期から鎌倉時代、戦国時代、江戸時代、幕末から明治初期で、平将門を主人公にした平安中期の『風と雲と虹と』が、最も古い時代背景となる。

逆に、最も新しい時代背景は第２次世界大戦後を生きた女医の人生を描いた第24作『いのち』だが、実在した人物を扱う作品では、１９１２年のストックホルム大会から１９６４年の東京大会までを描いた第58作『いだてん――東京オリムピック噺』になる。

図表6-1 作品の主人公、主な時代背景と舞台地、関東地区世帯視聴率

放送年	タイトル	主人公	時代背景	舞台地(都道府県)	視聴率(%)
2021年	青天を衝け	渋沢栄一	幕末、明治	埼玉、東京	—
2020年	麒麟がくる	明智光秀	戦国	岐阜、滋賀、京都	14.4
2019年	いだてん	金栗四三、田畑政治	大正、昭和	熊本、東京	8.2
2018年	西郷どん	西郷隆盛	幕末、明治	鹿児島	12.7
2017年	おんな城主 直虎	井伊直虎	戦国	静岡	12.8
2016年	真田丸	真田幸村	戦国、江戸	長野、和歌山	16.6
2015年	花燃ゆ	杉文	幕末、明治	山口、群馬	12.0
2014年	軍師官兵衛	黒田官兵衛	戦国、江戸	兵庫、滋賀、福岡、大分	15.8
2013年	八重の桜	新島八重	幕末、明治	福島、京都	14.6
2012年	平清盛	平清盛	平安	広島、兵庫	12.0
2011年	江	江	戦国、江戸	滋賀、愛知、東京	17.7
2010年	龍馬伝	坂本龍馬	幕末	高知、長崎、京都	18.7
2009年	天地人	直江兼続	戦国、江戸	新潟、山形	21.2
2008年	篤姫	篤姫	幕末	鹿児島、東京	24.5
2007年	風林火山	山本勘助	戦国	山梨、長野	18.7
2006年	功名が辻	千代、山内一豊	戦国、江戸	愛知、高知	20.9
2005年	義経	源義経	平安	岩手、神奈川、京都	19.5
2004年	新選組!	近藤勇	幕末	京都、東京	17.4
2003年	武蔵 MUSASHI	宮本武蔵	江戸	山口、熊本、岡山	16.7
2002年	利家とまつ	前田利家、まつ	戦国、江戸	石川、愛知	22.1
2001年	北条時宗	北条時宗	鎌倉	神奈川、福岡	18.5
2000年	葵 徳川三代	徳川家康、徳川秀忠、徳川家光	戦国、江戸	岐阜、静岡、東京	18.5
1999年	元禄繚乱	大石内蔵助	江戸	東京、兵庫	20.2
1998年	徳川慶喜	徳川慶喜	幕末	茨城、東京	21.1
1997年	毛利元就	毛利元就	戦国	広島、山口	23.4
1996年	秀吉	豊臣秀吉	戦国	滋賀、京都、大阪	30.5
1995年	八代将軍吉宗	徳川吉宗	江戸	和歌山、東京	26.4

視聴率はビデオリサーチの許諾を得て掲載（無断禁転載・引用）
（資料）ビデオリサーチ他より筆者作成。

１９８０年代後半には近・現代の題材を求め、昭和初期から太平洋戦争を生きた日系アメリカ人２世を描いた第22作『山河燃ゆ』、明治から大正に海外で活躍した女優川上貞奴を描いた第23作『春の波濤』、そして前出の『いのち』という従来の歴史ドラマとは違う路線を模索した。『山河燃ゆ』と『いのち』はフィクションである。

１９８７年には従来の時代劇に戻り、第25作『独眼竜政宗』は平均視聴率39・7％と歴代最高を記録した。主人公では、平清盛、織田信長、豊臣秀吉、徳川家康、大石内蔵助、坂本龍馬、西郷隆盛が、複数回、演じられている。最近は女性が主人公になることも多く、第45作『功名が辻』、第47作『篤姫』、第50作『江』、第52作『八重の桜』、第54作『花燃ゆ』が作品として挙げられる。

大河ドラマは、ＮＨＫ連続テレビ小説（通称 朝ドラ）と並んで日本のテレビドラマを代表するシリーズである。そのため常に視聴率や次回作が話題となる。大河ドラマの関東地区最高番組平均世帯視聴率は、１９６３年放送『赤穂浪士』の内入りの回で53・０％を記録している。期間平均では１９８７年放送の『独眼竜政宗』が最も高い。ビデオ視聴の定着やＮＨＫ ＢＳプレミアム、ＮＨＫ ＢＳ４Ｋなど別時間帯での視聴も増えたため必ずしも正確な比較はできないが、２０１０年の第49作『龍馬伝』以降は20％の壁を越えていない。

次回作は放送年の前々年に制作発表されることが多く、各種メディアを通じて広報される。出演者は数回に分けて発表されるため、その都度、スポーツ紙やテレビの芸能関連のコーナー、ネットニュースで取り上げられる。出演者や脚本家、原作者が年末の紅白歌合戦の審査員も務め、大河ドラマはその時々で、国民の関心事となっている。

制作発表後、観光振興に向けて作られる官民の協力体制

大河ドラマの舞台地となる地域には、放送年に多くの観光客が訪れ、その経済効果は数百億円にのぼる。そのため大河ドラマの制作発表が行われると、舞台地では推進組織が官民で構成され、そのコンテンツを積極的に活用して、観光振興に活かそうという動きがはじまる。組織の会長は、首長や商工会議所会頭が務めることが多い。また、事務局は主に自治体の観光やシティプロモーション関連の部署が受け持つ。放送が1月から翌年度に渡るため、約2年間の予算が組まれる。

戦国時代や幕末が時代背景になることが多く、何年かに1度は必ず回ってくる舞台地もあれば、主人公が一般的に知られていない場合などは、決定したことに自治体でも驚くケースもある。

舞台地となる市町村推進協議会の事業項目は、大河ドラマ館の設置・運営をメインとした推進事業、マスメディア対応やのぼり設置などの広報事業、ガイドマップやボランティアガイドの研修などの受入体制の整備、旅行会社やマスコミを招待するファムツアーの実施、ロケ支援などドラマ制作の支援などがある。県の推進協議会では、別にパンフレットの制作、全国主要都市での観光情報説明会や2次交通の支援などが行われる。

近年、最も経済効果が高くなったのは、2010年放送の第49作『龍馬伝』の舞台地となった高知県であろう。放送終了後の日本銀行高知支店の発表では、535億円の経済効果があったとされている。高知県では放送に合わせ、県内4会場で「土佐・龍馬であい博」として大河ドラマ館を設置した。360日間の期間中、4会場の来場者数は92万4903人と、目標の65万人を大きく上回った。県外観光客入込数は、435万9000人と約38％増加した。

経済効果は放送前の２００９年10月での試算は２３４億円なので、当初予想に比べて大幅増となった。
「土佐・龍馬であい博」の会場は、メイン会場であるＪＲ高知駅前の「高知・龍馬ろまん社中（高知市）」と３つのサテライト会場「安芸・岩崎弥太郎こころざし社中（安芸市）」「土佐清水・ジョン万次郎くろしお社中（土佐清水市）」「ゆすはら・維新の道社中（梼原町）」に広く分散している。

メイン会場周辺は、桂浜の坂本龍馬像や高知県立坂本龍馬記念館など龍馬にまつわる観光名所が多い。また、刺身などを豪快に大皿に盛った皿鉢《さわち》料理、安芸のご当地丼の釜揚げちりめん丼、清水さばなど、地元グルメが豊富にある。東京からは旅行会社によって、飛行機とバス周遊を組み合わせたツアーが多く造成された。

高知県ではその後も「志国高知 龍馬ふるさと博」「リョーマの休日」「志国高知 幕末維新博」とキャンペーンが続き、多くの県外観光客を呼び込んでいる。

図表6-2　大河ドラマの経済波及効果

放送年	タイトル	経済効果	対象地域	公表機関
2020年	麒麟がくる	73億円	岐阜県	十六総合研究所
2019年	いだてん	102億円	熊本県	日本銀行熊本支店
2018年	西郷どん	258億円**	鹿児島県	九州経済研究所
2017年	おんな城主 直虎	248億円*	静岡県	浜松市
2016年	真田丸	201億円*	長野県	長野経済研究所
2015年	花燃ゆ	135億円*	山口県	日本銀行下関支店
2014年	軍師官兵衛	243億円*	兵庫県	兵庫県立大学政策科学研究所
2013年	八重の桜	113億円	福島県	日本銀行福島支店
2012年	平清盛	202億円	広島県	中国電力エネルギア総合研究所
		193億円*	兵庫県	兵庫県立大学政策科学研究所
2010年	龍馬伝	535億円*	高知県	日本銀行高知支店
		276億円*	長崎県	長崎経済研究所

*放送終了後の公表値。**放送期間中の公表値。無印は放送前の公表値。
（資料）各機関資料より筆者作成。

『真田丸』で4000人の町「九度山町」が観光地へ

和歌山県九度山《くどやま》町は、高野山の玄関口にある人口約4000人の町である。高野山の開祖である空海(弘法大師)の母が暮らしていたという慈尊院があり、空海は月に9度、母に会いに来ていたことから九度山の地名がついたと言われている。

関ヶ原の戦いで西軍に属して敗れた真田昌幸・信繁(幸村)親子が、1600年に流罪となった場所だ。『真田丸』の舞台地としては、大河ドラマ館を設置した長野県上田市と群馬県沼田市もあるが、九度山町は常設の「九度山・真田ミュージアム」を2016年3月13日にオープンさせたことが注目される。放送に合わせた大河ドラマ出演者のパネルや衣装を展示するコーナーは一部となっていて、上田時代、九度山時代、大坂の陣と時代ごとにくわしく展示され、「大坂の陣合戦解説動画」など工夫がされた展示となっていた。

『真田丸』は三谷幸喜のオリジナル脚本で、戦国時代最後の名将・真田幸村の生涯を描いたドラマである。主演の幸村は堺雅人が演じており、2011年の『江』以来の高視聴率になっている。初回から13回までが、信繁青春編で舞台は沼田や上田である。14回から39回が大坂編、40回以降が大坂の陣編となるが九度山は37回から41回までメインの舞台地となっている。

放送当時は、「九度山・真田ミュージアム くどやま「真田丸」ドラマ展」として約1年間で25万8000人を集めた。最寄り駅の南海高野線「九度山駅」はホームや駅舎が真田の赤備えに彩られ、六文銭のマークが目を引きつける。ミュージアムまでは駅から坂を下りて「真田のみち」を通り、徒歩で10分程度だが、コミュニティバスになっている「赤備えバス」に乗る方法もある。運賃は運転席後ろの賽銭箱に入れるというシステムで、賽銭箱の横には幸村の兜も置いてある。

真田幸村を主人公にした大河ドラマのNHKへの陳情は熱烈で、関係する全国13市町村が署名活動や真田サミットを行っていた。九度山町も主産業である富有柿栽培以外の産業を育てていくことは課題であり、真田親子を柱にした観光の活性化は常に議論されていた。

親子が過ごした「真田庵」があるものの、九度山の地で過ごした内容を知ってもらえる施設はなく、真田を紹介する資料館建設が検討されていた。『真田丸』が決定したとき、放送期間中のみの営業となる大河ドラマ館よりも、長年、必要とされていた恒久的な資料館を建設し、放送期間中は大河ドラマ館の要素を付した企画展として「大河ドラマ展」を開催することになった。

関係者は放送が終わった後、大坂の陣を掘り下げた展示など向こう10年分くらいの展示企画案を考えたそうだ。町を散策すると軒先に六文銭の真田プランターが置いてあり、花が飾られている。プランターは町が用意し、花はそれぞれの家の住民が飾る。小さな町で日頃、顔を突き合わせ、町の活性化を議論してきたプロセスがあるので大きな方向性さえ一致していれば、依頼をかけると住民は動いてくれる。観光は行政や観光業者だけがやるものではなく、住民とのコンセンサスが重要となる。

〈関連の観光名所〉九度山・真田ミュージアム、真田庵、慈尊院

● 九度山・真田ミュージアム――真田昌幸・幸村・大助（親と子と孫）3代の物語を長く後世へと語り

継ぐことを目的とした施設。上田時代、九度山時代、大坂の陣などに分かれ、映像や資料が展示されている。

- 真田庵――昌幸・信繁(幸村)親子が暮らした跡地に建てられた寺院。正式名称は善名称院で1741年に創設された。真田ゆかりの品々も展示している。
- 慈尊院(世界遺産)――弘法大師が高野山開創にあたり、山内の庶務などを行う要所として建立した古刹。ここから高野山に至る約20キロの町石道(世界遺産)は表参道として利用されていた。

開山当時、女性の高野山参りはここまでで、年老いて遠く讃岐の国から大師を訪ねた母公も入山できず、この地で亡くなった。女人高野とも呼ばれ、現在も安産、育児などの祈願に多くの女性が訪れる。

写真6-1
九度山・真田ミュージアム

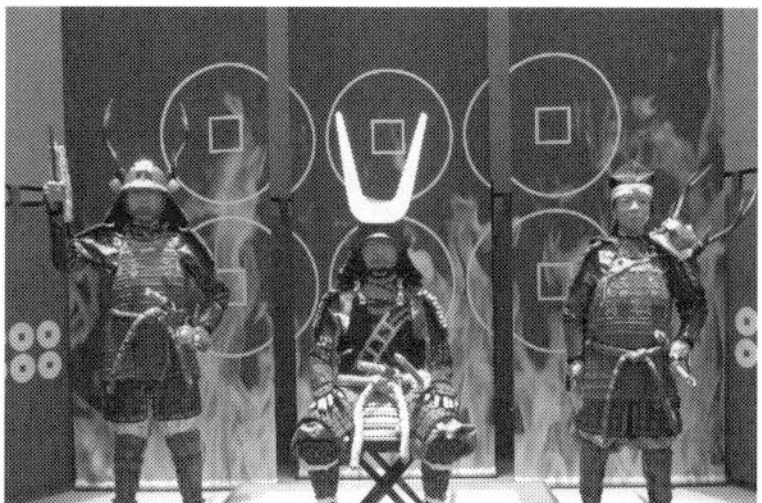

ミュージアムエントランスでは、真田昌幸・幸村・大助が、甲冑姿で来場者を迎えてくれる。館内では、戦国末期に生きた真田三代の軌跡を体感することができる。写真提供:九度山町

『おんな城主 直虎』で「浜松市」は多くの観光コースを設定

静岡県浜松市は人口約80万人の政令指定都市で、面積は日本で2番目に大きい。楽器や自動車産業など、ものづくりの街である。歴史上の人物としてよく知られているのは、浜松城を居城とした徳川

家康で、江戸時代に徳川家の譜代大名が代々城主となったことから城は、「出世城」と呼ばれる。浜松市もシティブランドとして「出世」をキーワードにし、そのイメージキャラクターとして、「出世大名家康くん」を活用している。2015年8月に大河ドラマの制作発表がされたとき、ほとんどの市民は、井伊直虎の存在を知らなかったという。

『おんな城主 直虎』は、徳川四天王の一人に数えられ、彦根藩の藩祖となった井伊直政を育てた遠江《とおとうみ》井伊谷《いいのや》の女領主・井伊直虎を主人公とした物語である。主演の直虎は柴咲コウが演じている。物語の舞台地となるのが、奥浜名湖地区にある遠江井伊谷である。

直虎はこの地で生まれ、代々井伊家の菩提寺となる龍潭寺《りょうたんじ》に出家する。物語は直虎の死後、万千代(後の井伊直政)が徳川家を支える重臣となるまで続く。舞台地としては静岡県近隣までの比較的狭いエリアが中心で、浜松市内が多く登場する。

大河ドラマ館は当初交通の便利な浜松駅周辺が検討されていたが、市内で誘致に積極的だったのは直虎にゆかりの深い井伊谷の住民であったため、大河ドラマ館は井伊氏発祥のこの地区に設置された。プロモーションでは、天竜浜名湖鉄道がフルラッピングで『戦国 BASARA』シリーズに登場する井伊直虎のキャラクターを描いた列車を運行したり、遠州鉄道グループのバスもラッピングを行うなど、民間の交通事業者がPRに協力している。

JR浜松駅には直虎インフォメーションセンターが常設されており、市民はいつも「直虎」を目にしていた。放送当時、地元の観光おもてなしガイドは、登録者数100名で大河ドラマ館や浜松市地域遺産センターを起点とし、井伊谷城跡や姫街道、気賀《きが》宿などを案内し、小グループおよび団体向けに7コースを設定していた。浜松城周辺でも、125名のボランティアガイドが浜松駅、浜松城、犀ヶ崖資料館を起点としたショートウォーク観光を実施した。放送後も地元の奥浜名湖観光ガイドの会が、直虎にゆかりのある龍潭寺を中心としたコースやさらに広域で井殿の塚・小野政次慰霊碑などを案内するコースを設定している。

〈関連の観光名所〉龍潭寺、気賀関所、浜松城

- 龍潭寺――直虎をはじめ、徳川四天王の筆頭である直政や幕末の大老・直弼など井伊家歴代の菩提寺。小堀遠州作の国指定名勝庭園や多くの文化財がある。
- 気賀関所――徳川家康によって創設された姫街道の関所。江戸時代の重要な警備拠点である。冠木門、本番所などが再建され、当時の雰囲気が感じられる。
- 浜松城――徳川家康が浜松城へと改称し、29歳から17年間過ごした居城。城域の拡張や改修を行い、城下町の形成を進めた。その後、徳川家譜代大名の居城となり、歴代の城主によって城域の改変・改修が進められた。そのため「出世城」の名を持つ。

写真6-2　気賀関所

現在の施設は、元の場所から600mほど西に再建された。江戸時代の駕籠や通行手形など、貴重な資料も展示されている。また、忍者や町娘、侍などの着替え体験もできる。
筆者撮影

『いだてん』に因み玉名市、和水町ではマラソン大会も開催

熊本県玉名市は、熊本県北部の菊池川流域に位置する人口約6万5000人の市である。市内には九州新幹線新玉名駅があり、福岡からのアクセスも良い。大河ドラマ『いだてん』の主人公の一人金栗四三《しそう》が養子として過ごした池部家がある。

制作発表後、さらに金栗四三をPRし、地域活性化につなげるため隣接する生誕地の和水町《なごみ》、走って通学した小学校のある南関町と広域連携の玉名市・和水町・南関町、これら市町で大河ドラマ「いだてん——東京オリムピック噺」地域振興協議会を結成している。玉名市では、旧玉名市役所庁舎跡地に大河ドラマ館、和水町では三加和温泉ふるさと交流センター敷地内に金栗四三ミュージアムが設置された。

協議会内の舞台地として玉名市内では、金栗四三翁住家・資料館(池部家)、その裏山を登ったところにある金栗四三翁の墓(池部家の墓)と金栗さんの書で「体力・気力・努力」が刻まれた記念碑、新玉名駅に立つ金栗四三銅像がある。

和水町には金栗四三 生家記念館、南関町には生家から山坂の難所を越える往復12キロの道のりを近所の子どもたちと、毎日走って通った玉名北高等小学校(現南関第三小学校)があり、その通学路は「金栗四三ロード」と呼ばれている。金栗さんは整理することが得意だったようで、たくさんの貴重な資料が残されている。また、「玉名いだてんマラソン(玉名市)」と「金栗四三翁マラソン大会(和水町)」

も行われている。[1]

『いだてん』は宮藤官九郎のオリジナル脚本である。日本が初めてオリンピックに参加したストックホルムオリンピックから東京オリンピック開催までの52年間を日本人初のオリンピック選手となった「日本のマラソンの父」金栗四三と、東京オリンピック招致に尽力した田畑政治の２人の主人公をリレーする形式で描かれた。舞台地としては、熊本以外に田畑政治の故郷である浜松市や２人の活躍の場となった東京の各地が挙げられる。

金栗さんは１９６２年に、玉名市の名誉市民第1号に選ばれている。地元の小学校の運動会や市民体育祭では、子どもたちや市民と一緒に走った。つまり、金栗さんに走ることの楽しさを教えてもらった市民が、今もたくさんいるということだ。

玉名市では金栗さんが長年、暮らした住家のある小田地区の住民が中心となって、金栗四三ＰＲ推進部会が立ち上がり、玉名観光ガイドの会とともに、市民共同によるおもてなしが積極的に行われていた。実際に、金栗さんの人柄を知っている人から直接、話を聞くことができることは、舞台地を巡る旅を心に残るものにしてくれる。

〈関連の観光名所〉金栗四三翁住家・資料館、金栗四三生家記念館、高瀬船着場跡

- 金栗四三翁住家・資料館（池部家）――玉名市上小田地区にある金栗さんと妻スヤ、養母池部幾江はじめ家族が暮らした築１２０年の家。隠居部屋として建てられた離れを改装した金栗四三資料館では、貴重な資料を見ることができる。

- 金栗四三生家記念館――和水町中林地区にある金栗四三が生まれ育った家。玄関の土間の横には、家族が「学校部屋」と呼んだ金栗さん専用の2畳敷ほどの小さな勉強部屋がある。
- 高瀬船着場跡――玉名市高瀬地区にあり、菊池川に面し、江戸時代に米の集積地として栄えた場所。「俵ころがし」と呼ばれる石畳の斜路や石段、石垣など船着場の施設が残る。

実際にロケで金栗さんや妻スヤさん、養子に行った池部家の人たちが暮らした明治時代の玉名の情景を撮影した。その場面は、地元の方もエキストラとして出演している。

写真6-3
新玉名駅の金栗四三像

九州新幹線新玉名駅前に建てられた若き日の金栗四三さんをモデルにした銅像。母校の玉名高校同窓会が「日本マラソンの父」と称される金栗さんの功績をたたえようと建立した。りりしい表情で腕を組み、力強く立っている。筆者撮影

大河ドラマは強いコンテンツゆえ「経済効果」に過度な期待も

大河ドラマの制作発表は作品によって異なるが、1年半から2年前に発表される。舞台地となった経験のある自治体や誘致活動を行っていた地域はまだしも、寝耳に水で驚く行政も多い。次の大河ドラマが何かは国民の関心事であるが、舞台地になった地域では勢い期待感が高まる。1年半前から準

備ができるので、自治体にとっては事業予算が組みやすい。前年度の秋までに決まれば、その年から補正予算を組むこともできる。

大河ドラマの舞台地となった場合、まず検討されるのは、大河ドラマ館をその自治体内に開設するかの判断である。大河ドラマ館は約1年間設置されるため、運営費や会場の建設費、NHK関連会社に支払う展示装飾費など大きな予算が必要となる。

全国でのチケット販売や旅行商品の造成を見込んで、大手旅行会社に運営を委託するケースも多い。大河ドラマ館は、事業経費に対しての来館者数という費用対効果がはっきりとわかるので、KPI(重要業績評価指標)にされやすい。いくらかけて、これだけの観光客を集めたから効果があった。または、効果がなかったということである。

大河ドラマ館の開設は、通常1月の最初の放送日の週末からはじまる。自治体担当部署では終了後の議会で、来館者数などの結果を報告する。実際の来館者数が目標数から大きく落ち込んでいる場合、税金を使って意図した結果が得られなかったのでは？　と責められる要因にもなり、自治体の担当者は数字を達成するために忙殺される。大河ドラマ館の集客状況は、地域差が激しい。要因は主に5つある。

第1に、番組自体の魅力度。これは視聴率で客観的に表わされる。

第2に、大河ドラマ館自体の魅力度。ドラマの派手な演出上の展示と実際の歴史資料を一緒に見せるなど工夫される。

第3に、旅行会社や鉄道会社など送客側の集客力。旅行商品の造成もあるが、地元鉄道会社など交通事業者が列車やバスのラッピング、駅の装飾をすることでPR効果が上がる。

第4に、大都市圏からの地理的利便性。特に東京、名古屋、大阪の人口の多い地域との交通が重要である。高速道路などの利便性が高いと自家用車などで気軽に行くこともできる。

第5に、地域としての観光魅力度である。大河ドラマ館だけのために出かける人は少ない。周辺に魅力ある観光スポットがあると行ってみたくなるし、旅行会社も周遊観光商品として組み込みやすい。

観光業界では「風が吹く」という言葉で、大型イベントなどが決まって多くの観光客が集まるさまを表す。大河ドラマは短期的に観光客を呼び込める強いコンテンツである。その効果は約1年間

図表6-3　大河ドラマ館と来館者数

実施年*	大河ドラマ館名称	地域	会場	来館者数(人)
2019年	いだてん 大河ドラマ館	玉名	旧玉名市庁舎跡地特設会場	117,310
2018年	西郷どん 大河ドラマ館	鹿児島	市立病院移転跡地特設会場	553,052
2018年	いぶすき西郷どん館	指宿	時遊館COCCOはしむれ	63,699
2017年	おんな城主 直虎 大河ドラマ館	浜松	みをつくし文化センター	780,923
2016年	信州上田真田丸ドラマ館	上田	旧上田市民会館	1,035,208
2015年	文と萩物語 花燃ゆ大河ドラマ館	萩	旧明倫小学校体育館	312,649
2015年	ほうふ花燃ゆ大河ドラマ館「文の防府日和。」	防府	ルルサス防府	61,544
2014年	ひめじの黒田官兵衛大河ドラマ館	姫路	姫路城南・家老屋敷跡公園特設会場	611,576
2013年	ハンサムウーマン八重と会津博ドラマ館	会津若松	旧会津図書館	611,558
2012年	平清盛館	宮島	宮島歴史民俗資料館	203,567
2012年	音戸の瀬戸ドラマ館	呉	音戸観光文化会館うずしお	92,401
2012年	KOBE de 清盛「ドラマ館」	神戸	ハーバーランド	260,694
2011年	江・浅井三姉妹博	長浜	浅井江のドラマ館他	**1,183,627
2010年	土佐・龍馬であい博	高知他	高知・龍馬ロマン社中他	**924,903
2010年	長崎奉行所・龍馬伝館	長崎	長崎歴史文化博物館	466,995

*実施年は翌年にまたがっている。**複数会場の合計数。（資料）各機関資料より筆者作成。

続くが、長期的に効果が継続されることはない。一時的なものに大金をつぎ込むのかという指摘もあるが、十分に経費をつぎ込んでも、回収できるほど強いコンテンツでもある。

長期的に観光客を呼び込むのは複数存在するコンテンツであり、次年度以降はそこに組み込まれると考えればよい。来年度は別のコンテンツでというより、複数ある中のひとつの継続コンテンツとして育てていくことが大事であろう。

地域住民からいかに愛されるかは大事なポイント

大河ドラマを活用しての観光は、前年から徐々に効果が表れ、放送年に一気に伸び、翌年に落ちる。翌年の数値が前年よりも高ければ、少し効果が持続しているとも考えられるが、一部にすぎない。『軍師官兵衛』の姫路市や『平清盛』の宮島を有する廿日市《はつかいち》市と神戸市では前年より伸びているが、姫路城の平成の大修理後のグランドオープンやJRの広島デスティネーションキャンペーンなどが影響していると考えられる。また、神戸市のように3000万人以上の観光客を集める地域では、ひとつの要因が大きく観光入込客数に影響するものでもない。

具体的な観光事業としてよく行われるのが、関連する舞台地のまち歩きである。ここでは、ホストとゲストのミスマッチが起こるケースもある。日頃、よく史実を勉強して参加者にくわしく説明したいボランティアガイドと県外から来て、簡単に案内して欲しい観光客の気持ちの差である。時間を気にする観光客とサービス精神旺盛なガイドとの間で、終了後どちらにも不満感が残ってしまう。

まち歩きは市内の回遊性を高めるために行われているが、県外の観光客はマイカー中心で大河ドラマ館と主となる観光施設以外は興味が低い。２０１２年放送の『平清盛』の廿日市市でも、大河ドラマ館のある宮島以外の市内モニターツアーを実施したが、参加者は地元の市民や近隣の市町在住者が多かった。

感想では、「自分たちの住む地域のすばらしい歴史を知ることができ、誇りを感じた」との意見もあり、事業が住民の地域への愛着につながっていることがわかる。市民が企画し、市民が参加する。そしてまちの歴史で今まで気づかなかったことを発見する。まだ、他にもあるのでは？　と探してみたくなる。その繰り返しが、持続的な観光のベースとなる。

では、大河ドラマは、今後、どのように変化していくのであろうか。２０１９年放送の『いだてん』では、実際にまだ関係者が生きている戦後復興から高度成長期も描いている。ドラマでは、関東大震災や戦時中の歴史の影と言える話題も登場する。純粋なスポーツの祭典に軍幹部や政治家が、いかに介入していったのかを見事に描いている。自分たちから遠い歴史は美化されやすい。当時を知らない世代にこそ、見て欲しい場面である。

海外の日本人向けの日本語チャンネルNHKワールド・プレミアムでも放送しており、世界の約１００の国・地域で視聴できる。また、大河ドラマ『いだてん』のワールド版「IDATEN The Epic Marathon to Tokyo」では、英語ナレーションをハーバード大学出身のタレント、パックンが担当し、6回に分けてダイジェストで放送している。「NHK WORLD JAPAN」のアプリを入れてタブレットなどで楽しむことができる。日本の歴史に興味ある外国人の方にも、ぜひ見て欲しい内容である。

私は中学に入って歴史に興味を持ち、当時見た『勝海舟』『元禄太平記』『風と雲と虹と』『花神』『黄金の日々』をよく覚えている。中学から高校にかけての頃だ。その後、大学生・社会人になるが、その頃に見たドラマには記憶があまりない。

再び本格的に見るようになったのは２００４年、三谷幸喜が脚本を書いた『新選組！』からである。小劇団が好きで脚本家の名前に興味を持った。従来の大河ドラマらしくなく、狭い集団の中での人間模様がおもしろく、山本耕史が演じる土方歳三の鬼気迫る迫力、堺雅人が演じる山南敬助の切腹の場面など、歴史劇というよりも展開が早い芝居を見ているようで引き込まれた。

その後、初めての地方転勤で『龍馬伝』の大河ドラマ館の仕事にかかわったこともあり、以降、楽しんで視聴している。朝ドラもそうだが、大河ドラマも自分の人生のできごとと一緒に記憶している方が多いのではないだろうか。

視聴率は振るわなかったが、『いだてん』は本当におもしろかった。放送の長い歴史の中で、そしてＮＨＫの中でも失敗のできないドラマ枠としてさまざまな壁はあると思うが、これからも挑戦的な作品を送り続けて欲しいと期待している。

07

息の長さで勝負する

有力な観光資源を宝物として守る

１２０年間、色褪せない『金色夜叉』の魅力

観光地として不動の人気を誇る熱海市

近年はコンテンツツーリズムについての社会的な関心が高まり、観光振興や地域振興に関連したさまざまな取り組みが行われている。これらの取り組みは、おおむねインターネットの活用が前提となっているように見受けられる。言うまでもなく、21世紀はインターネットの時代となっており、情報の発信・受容から観光体験の共有に至るまで、もはやこれを活用しないコンテンツツーリズムは考えられない。

コンテンツツーリズムという用語は、2005年に国土交通省から出された調査報告書の中で用いられたのが、初出であるとされる。つまり、21世紀に入ってから生まれた比較的新しいキーワードだが、コンテンツツーリズムと呼ぶべき観光行動は、20世紀以前、特に前近代の時代から見られた。もちろん、これが広く一般化するためには、人の移動を容易にする交通網の発達が不可欠であるうえに、コンテンツ作品を流通させるメディア環境の発達が必要であった。そのため、前近代の時代におけるコンテンツツーリズムは限定的なものにならざるを得なかったが、ツーリズムの歴史が古代まで遡れるように、コンテンツツーリズムの歴史も、長いものがあると言える。

今世紀に入ってから、新たにコンテンツツーリズムという用語が創出されたのは、インターネット時代が到来し、新たなメディア環境への対応を適切に表現できる概念が求められたという、時代の要請によるものと考えてよい。そして、この用語と概念を用いてインターネット以前の時代を見直すと、絵ハガキが大きな役割を果たしていたといった、その時代ならではのコンテンツツーリズムを再発見することも可能となる。

ここでは、まず日本におけるコンテンツツーリズムの歴史的な展開について確認したのち、第二次世界大戦前の時期における展開事例として小説『金色夜叉《こんじきやしゃ》』に着目し、その主な舞台となった静岡県熱海市を中心に検討を進めていく。

『金色夜叉』は登場した時代を代表するベストセラー作品でありながら、初出から120年以上が経過した現在もなお、一定の知名度を保ち続けており、熱海市の取り組みも現在進行形で続いている息の長いコンテンツである。

戦前期から現在に至るまでの間、すなわちインターネット以前と以降にまたがる期間において、地域イメージの形成と観光振興にどのような役割を果たしたかについての読み解きを通して、コンテンツツーリズムの持続的な取り組みを実現させていくヒントが見つけられるものと考えられる。

ルーツは平安時代にある「地名を巡る旅」

『金色夜叉』が登場した時代背景を理解するために、まずコンテンツツーリズムの歴史的な展開について確認してみよう。

日本におけるコンテンツツーリズムは、歌枕《うたまくら》が詠まれた平安時代にはじまっており、歌に詠まれた地名を巡る旅が行われていたという。(1) 旅を題材とした作品の歴史も古く、平安時代には『伊勢物《いせもの》語《がたり》』『土佐日記《とさにっき》』『更級日記《さらしなにっき》』などの、鎌倉時代には『海道記《かいどうき》』『東関紀行《とうかんきこう》』『十六夜日記《いざよいにっき》』などの紀行文が著されている。江戸時代になると、『奥の細道《おくのほそみち》』『東海道中膝栗毛《とうかいどうちゅうひざくりげ》』などの紀行文・道中記が多数出版されるようになり、特に後者は大名から庶民まで大きな人気を呼んで、作中で記された道中を追体験する楽しみ方が広がっていった[(2)]。

もっとも江戸時代にあっても、識字率はあまり高いとは言えず、作品を読解できる層は限られていた。また旅行には高額な費用がかかるうえに通行手形などの許可証が必要であるなどの制約をともなったので、気軽に出かけることはむずかしかった。前近代の社会では観光行動（ツーリズム）自体が限定的であったがゆえ、コンテンツツーリズムも、さらに限定的なものにならざるを得なかった。

明治時代に入り、社会の近代化がはじまると、ツーリズムに大きな変化が訪れる。近代社会ならではの観光、すなわち近代観光の成立である。これは鉄道に代表される交通網の拡充で遠距離の移動が容易になったことや経済成長にともなう可処分所得の上昇と余暇の増加によって、多くの人が旅行に出かけられるようになり、大衆（マス）の観光行動（ツーリズム）が成立、近代観光の到達点とも言えるマスツーリズム（大衆観光）が一般的になっていく。マスツーリズムは第二次世界大戦以前から成長しつつあり、戦後の高度経済成長期に全盛期を迎えた。

近代社会の到来は、マスへ向けて多量に発信される情報媒体（メディア）であるマスメディア（大衆へ伝達させるメディア）を発達させた。新聞、雑誌、映画、ラジオ、テレビなどが当てはまり、後述するように、一時期は絵ハガキもマスメディアとしての役割を担った。近代社会で制度化された義務教育によって識字率が上がり、多くの人がメディアから伝えられる情報を読解できるようになったことも大きい。

マスメディアは観光地に関する情報を大衆に広く周知させ、マスツーリズムの隆盛に大きく貢献した。同時に、小説やドラマなどのコンテンツ作品を発表するプラットフォームとしても機能した。コンテンツ作品の舞台となった地域に対する記述は、それぞれの地域のイメージ形成に役立ち、コンテンツツーリズムの裾野を広げていった。

加えて、作品の舞台となった地域の風景が絵ハガキになったり、ドラマ化・映画化されたり、ご当地ソングが作られたりすることにより、視覚的・聴覚的にもより強く地域のイメージが印象づけられ、地域を訪れようとする動機の形成に役立った。このように近代社会の到来は、ツーリズムを大衆化させると同時に、コンテンツツーリズムが広く受容されていくための基盤を整えた。

１９８０年代以降は、ニューツーリズム(3)と呼ばれる観光の多様化がはじまった。コンテンツツーリズムへの注目の高まりも、この流れの中にある。そして21世紀に入り、全世界的な規模で普及したインターネットとスマートフォンの利用拡大は、ツーリズム、そしてコンテンツツーリズムのあり方を大きく変えることになった。

インターネットは、観光に関する情報収集に役立つのみならず、旅行の予約や決済手段としても積極的に利用されるようになり、事実上それなくして成り立たない状況を生み出した。

さらに、フェイスブックやツイッター、インスタグラムなどのSNSのサービスを活用することで、個人が旅行体験を発信したり、共有したりすることも容易になった。現代社会のコンテンツツーリズムは、インターネットの登場と活用によって、新たな展開を見せつつある。

こうした歴史的な流れをまとめると、コンテンツツーリズムは古代・中世の時代にまで遡ることができ、近代以降はマスメディアの発達とともに大きく発展したことがわかる。そして、インターネットの時代となった21世紀に入り、用語の創出とともに概念が整えられ、さらなる進化を遂げようとしている。

コンテンツ作品は小説・映画・ドラマ・漫画・アニメーション・ゲームなど多種多様なジャンルの上に成り立ち、作品の舞台となった場所や地域もさまざまである。それらの舞台を訪れた体験をインターネット上で共有して楽しむ形態もまた、さまざまである。コンテンツツーリズムは、「多様化した価値観に対応した現代的ツーリズム」を具現化するものであると言える。

小説の世界観に共鳴し、『金色夜叉』の地を訪れる観光客

ここまでの流れを確認したうえで、近代社会が成立してからインターネット以前の時代に立ち戻り、『金色夜叉』を事例として、この時代におけるコンテンツツーリズムの展開事例の再検討を試みていくことにしよう。

『金色夜叉』は、尾崎紅葉《おざきこうよう》(4)の代表作にして明治時代のベストセラー小説である。演劇、歌曲、絵ハガキ、映画、ラジオドラマ、テレビドラマなどでも表現され、国民に広く親しまれた。静岡県熱海市の海岸がクライマックスのシーンになったことから、熱海が同作品の舞台として認知され、「観光都

市としての熱海」の発展にも大きな役割を果たした。

『金色夜叉』とは、どのようなコンテンツ作品なのだろうか。

小説『金色夜叉』は、読売新聞に1897年から1902年にかけて通算235回にわたって連載された。6編からなり、それぞれの発表時期は以下の通りである。

『金色夜叉』（壱）～（八）……………1897年1～2月
『後篇 金色夜叉』（壱）～（八）…………1897年9～11月
『続 金色夜叉』（壱）～（七）……………1898年1～4月
『続々 金色夜叉』（壱）～（六）…………1899年1～5月
『続々 金色夜叉』（七）～（十三）………1900年12～翌年4月
『続々 金色夜叉 続篇』（壱）～（三）……1902年4～5月

長期間にわたって連載が続けられたのは、紙上で大きな人気を獲得したため、読者からの強い要望が多数寄せられたことによる。(5) しかし、紅葉が1903年に病没したため、未完に終わってしまった。その後、弟子の小栗風葉《おぐりふうよう》が『終編金色夜叉』を書き継ぎ、1909年に刊行されている。

あらすじは、以下の通りである。

主人公の間貫一《はざまかんいち》は高等中学校の学生で、両親を病気で亡くしてからは鴫沢《しぎさわ》家に引き取られて学問に励んでいた。鴫沢の夫婦は、娘のお宮《みや》を貫一の許嫁にしていて、大学を卒業後は跡継ぎにするつもりであり、両人とも結婚するつもりであった。しかし、結婚を間近にしたある日、お宮は大富豪の富山唯継《とみやまただつぐ》に見初められて求婚され、お金に目がくらんだお宮は、富山家へ嫁ぐことにしてしまう。

裏切られた貫一は、熱海の海岸でお宮を問い詰めるが、お宮は富山家に嫁ぐことをやめない。悲憤した貫一はお宮を蹴飛ばして別れを告げ、行方をくらましてしまう。

この熱海での場面は特に有名で、貫一が語った台詞「一月十七日をよく覚えておいてくれ。来年の今月今夜になったならば、僕の涙で必ず月を曇らせてみせる」とともによく知られており、代表的なクライマックスのシーンとなっている。(6)

小説『金色夜叉』の単行本は、新聞に連載中の1898年以降、春陽堂から順次出版された。紅葉の没後は、博文館より1904年に刊行された『紅葉全集』や中央公論社より1941年に刊行された『尾崎紅葉全集』に採録されるなど、繰り返し出版されている。現在でも、新潮社や岩波書店の文庫本が入手可能であるほか、青空文庫でも読むことができる。(7)

大ヒットした小説は、舞台化や映画化がなされるのが常である。『金色夜叉』も例外ではなく、今日でいうメディアミックス的な展開が行われた。(8) 新聞での連載がはじまった翌年の1898年3月には、早くも最初の公演である川上音二郎《かわかみおとじろう》一座による市村座《いちむらざ》公演が封切られた。同年10月には日本新演劇団による大阪歌舞伎座公演が、1902年6月には宮戸座《みやとざ》による上演が続いた。

紅葉の没後は小栗風葉が脚本を担当し、公演が続けられた。映画も制作され、1908年に吉沢商会が制作したのを皮切りに、第二次世界大戦前までに30本を超える映画が制作され、主題歌のレコードもポリドールやビクターレコードから発売された。

ラジオドラマ版の『金色夜叉』も制作され、1925年8月に放送された。日本においてラジオ放送がはじまったのは1925年3月であったから、それからわずか5カ月後のことであった。他にも後述するように、『金色夜叉』を題材とした絵ハガキも多数発行された。ラジオや絵ハガキという、新たに登場したメディアの上で表現され、流通するコンテンツの中に速やかに取り入れられた。

このように『金色夜叉』は、さまざまなメディアで展開されて国民的な人気を獲得したが、これと連動するように舞台となった熱海との結びつきも強まっていった。

まず、1919年には「金色夜叉の碑」が、熱海の海岸にあった「羽衣《はごろも》の松」の隣に建立された。除幕式の様子は読売新聞の記事にもなり、熱海町長をはじめ避暑中であった日野西《ひのにし》侍従も参列したとある。この碑には、小栗風葉の作による「宮に似た後ろ姿や春の月」の句が刻まれており、この句も名句として広く熱海の名を知らしめることになった。

「羽衣の松」は、寛一とお宮の別れの情景が繰り広げられたクライマックスの場所にあった松と見なされ、後に「お宮の松」と呼ばれるようになった。(9) もとより『金色夜叉』はフィクションの作品であり、登場人物も架空の存在にすぎないが、「金色夜叉の碑」と「お宮の松」は、作品の世界観を具現したモニュメントとして認知され、熱海の新たな観光名所となっていった。

今日では、コンテンツ作品の舞台となった場所にモニュメントが作られる事例が増えているが、この碑は先駆け的な存在であると言えよう。1929年1月17日には「今月今夜」を偲ぶ「紅葉会」が開催され、紅葉の妻と長男が招かれた。この様子は読売新聞でも報じられた。

このほか、1932年には紅葉が生前に愛用していた筆を祀った筆塚が建立された。碑面の文字は、紅葉と交友があった俳人の巌谷小波《いわやさざなみ》が揮毫し、これも作者を顕彰するモニュメントとして有名になり、観光名所に加わった。

これらの『金色夜叉』にちなんだ観光資源は、その世界観に親しむために熱海を訪れる観光客を増やしていくことに貢献した。それが効果的であったことは地元でも認識されており、熱海市の公式サイトに「『金色夜叉』により熱海は一躍脚光を浴び、観光は急速に上昇発展し観光都市へと変貌していきました」と書かれていることからもわかる。その誘客効果は、悲恋の果てに自殺や心中を企てる人々まで招き寄せるほどの影響力を発揮したという[10]。

熱海はもともと良質な温泉街という、マスツーリズムの受け皿として耐えうる観光資源を有していたが、大きく発展を遂げた一側面として、『金色夜叉』の舞台になった場所としての地域イメージが確立したこと、つまり、コンテンツツーリズムの目的地としての相乗効果も加わっていた、と再評価する見方もできるだろう。

「旅先の情報を事前に知らせた」絵ハガキの功績

『金色夜叉』の作品世界を表現したさまざまな媒体(メディア)の中で、今日とは大きく異なる社会的機能を有していたものがある。それは、絵ハガキである。

絵ハガキは、画像情報を複製して流通させるメディアであり、日本では１９００年に発行が許可され、その直後から大きく流行した。[11] 絵ハガキは、その字義のとおり、絵画やイラストをあしらったものが想起されるが、写真を印刷した絵ハガキもまた多く、むしろ写真絵ハガキの方が主流をなした。

当時は社会の近代化が急速に進展し、鉄道網の発達や生活水準の向上にともなって観光旅行も盛んに行われるようになりつつあり、近代観光が発達する時期と重なっていた。観光地の風景写真を印刷した絵ハガキは、観光地の土産物の定番となり、膨大な量の絵ハガキが発行された。明治時代の末期、１９１１年における観光地の絵ハガキは３万種類にも達していたという。[12]

絵ハガキは、画像情報に私信を加えて伝達するパーソナルメディア（個人的なメディア）であり、今日でいう写真つき電子メール（写メール）の起源をなすものだ。その当時、観光地を訪れた観光客は、現地で絵ハガキを買い求め、家族や友人・知人に宛てて、旅行の感想を記してポストに投函した。観光体験の共有は、「絵ハガキの画像情報＋私信」による形で行われたのである。21世紀の現在は、観光体験の共有をフェイスブックやツイッター、インスタグラムなどのSNS上で気軽に行えるようになっているが、インターネットがなかった当時は、限定的ながら絵ハガキがその機能を担っていたと言える。

また、当時の絵ハガキは画像情報を広く流通させるマスメディアとしての機能も果たした。この時代は印刷技術が発展途上であり、新聞や雑誌に良質な画像情報を載せることがむずかしかったからである。もちろんテレビもなかったので、絵ハガキは画像情報を安価かつ大量に流通させるのに最適なメディアであった。
大量に発行された観光地の絵ハガキは、ポストに投函・郵送された以上に、土産物として持ち帰られ、流通した。その地に赴いていない人々に観光地の風景を紹介する効果があり、絵ハガキで見た風景を確認するために現地を訪れる旅行形態も生み出した[13]。観光地の絵ハガキは、「旅行先の風景をあらかじめ知る」ことができるコンテンツとしても機能していた。

『金色夜叉』は、ちょうど絵ハガキが出現したタイミングで人気になったため、大量の絵ハガキが発売された。新聞紙上での原作小説は文字情報だけであり、絵ハガキはビジュアル面での画像情報を伝える手段として表現手段の一翼を担った。絵ハガキの発売を宣伝する新聞広告も多数掲載された。

絵ハガキは8枚組、16枚組などのセットで販売されることが多かった。あらすじを要約したストーリー仕立てのセットとなっており、原作小説をもとに作られた小型の紙芝居のような体裁で、それ自体にも一定のオリジナリティが認められ、独自のコンテンツとしての性格さえ備えていた。『金色夜叉』の絵ハガキを写真7-1に示す。これはセットものの一部であり、熱海の海岸でのクライマッ

写真7-1
『金色夜叉』の絵ハガキ　大正時代初期

筆者所蔵

クライマックスのシーンが主人公の台詞とともに画像イメージとして表現されている。原作の小説は文字情報だけであったが、絵ハガキは画像情報を補う形で表現されて好評を博し、広く流通した。

クスが表現されている。

熱海の風景をセットにした絵ハガキも大量に発行された。熱海名所の絵ハガキセットには「金色夜叉の碑」が必ずといって良いほど含まれており、その種類は戦前期だけでも十指にあまる。戦後に発行された絵ハガキセットにも採録されている。これは、コンテンツツーリズムに関連するモニュメントが観光資源として確立した例として挙げられるだろう。「金色夜叉の碑」があしらわれた絵ハガキの一例を写真7-2に示す。

熱海を訪れた観光客は、現地で絵ハガキを買い求め、友人・知人に熱海の感想をしたためてポストに投函した。そして、それ以上の絵ハガキが未使用のまま持ち帰られた。旅行先での土産物は決まって絵ハガキだった。特に、カメラが高価で普及率が低かった戦前期において、旅先の風景を持ち帰るアイテムとして、絵ハガキは人気を集めた。

『金色夜叉』の絵ハガキを受け取った人は、画像として表現された作品の世界観に親しんだことだろう。現地の風景を見て、いつの日か熱海を訪れようとする決意を新たにしたかもしれない。視覚が観光体験の中心にあることに留意するならば、インターネットが存在しなかった時代に、絵ハガキは、ツーリズム、コンテンツツーリズムを促進させるメディアとして役立っていたと解してよい。

写真7-2 「金色夜叉の碑」の絵ハガキ 昭和時代初期

筆者所蔵

1934年5月26日に訪れたことを示すスタンプが押印されている。観光地には訪問記念スタンプが置かれていることが多く、多くの観光客が現地で買い求めた絵ハガキやスタンプ帳に押印して楽しんだ。

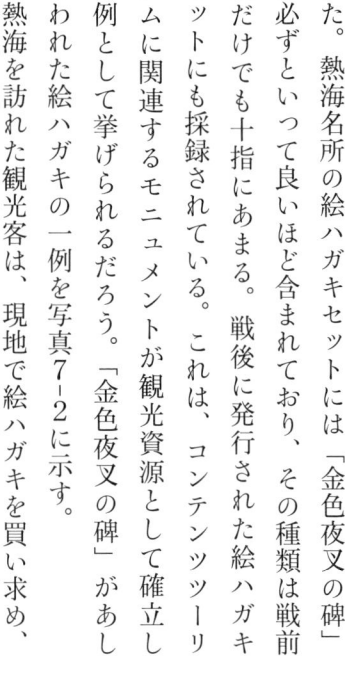

余談であるが、小説『金色夜叉』は、もっぱら那須塩原の湯宿「佐野屋」で執筆された。執筆した部屋の写真が「金色夜叉起草紀念室」として絵ハガキになっている。『金色夜叉』の続編の作中で、貫一が「佐野屋」をモデルとした「清琴楼《せいきんろう》」に向かったことから、那須塩原も『金色夜叉』の舞台となり、「佐野屋」改め「清琴楼」となった建物も絵ハガキとなった(14)。現在、「清琴楼」は、「金色夜叉起草旅館 清琴楼」として知られており、公式サイトには当時の絵ハガキが紹介されているほか、小説の舞台になった部屋を見学することもできる。

21世紀の現在、絵ハガキはマスメディアとしての役割はすでに終えており、パーソナルメディアとして使われることもほとんどなくなっている。ただし、観光土産としては依然として人気であり、映画などのコンテンツ作品の販促グッズとしての用途も健在である。熱海においては、過去の絵ハガキを復刻再販したり、今日的な『金色夜叉』の世界観を現したグッズとしてのラインナップを揃えたりすることが、検討されても良いかもしれない。

世紀をまたぎ、受け継がれるコンテンツツーリズム

ここまでで、第二次世界大戦前のコンテンツツーリズムの事例として、『金色夜叉』を見てきたが、同作品は今もなお、多くの人達の間で親しまれており、熱海でも愛される存在である。ここからは、戦後から現在に至る歩みについて概観してみよう。

第二次世界大戦は、発展しつつあったコンテンツツーリズムに停滞をもたらした。『金色夜叉』にまつわる公演やイベントも、中断を余儀なくされた。しかし、１９４５年の敗戦を経て平和な時代が訪れると、戦時中の停滞を取り戻すかのように、再び動きを見せはじめる。

１９４６年11月、合同新派祭として『金色夜叉』を含む演劇が東京劇場で公演され、読売新聞紙上でも宣伝された。まだ戦災の爪跡が癒えない戦後間もない時期から舞台興行が復活したことは、注目に値する。１９４７年には、戦前に制作された映画『金色夜叉』(松竹)が復活上映され、翌１９４８年には、新作映画『金色夜叉 前後篇』(東横動画)が封切られた。

１９５４年にも新作の『金色夜叉』(大映)が制作され、その上映を記念して、全国から探し求めた貫一・お宮のカップル５組を熱海海岸へ招いて、記念撮影をするイベントまで開催されている。１９５３年からは日本でもテレビ放送がはじまったが、２年後の１９５５年にはテレビドラマ版『金色夜叉』が、制作・日本テレビ系列で放映されている。映画はもちろん、テレビという新しいメディアにも素早く対応した事実は、戦前から戦後に至るまで根強い人気を保ち続けていることを示している。

地元の熱海においても、復活の動きは早かった。１９３９年の「今月今夜」である１月17日から第１回が開催されていた「尾崎紅葉祭」は、戦時中の１９４２～１９４５年の間は中止されていたが、敗戦の翌年、１９４６年の１月17日には早くも復活した。その後も途切れることなく開催され続け、２０２０年には、第78回を数えるまでになっている。

１９４７年の「今月今夜」である１月17日には、熱海の画廊で「尾崎紅葉遺品展」が開かれた。

１９５３年からは、筆塚保存会による第1回の「尾崎紅葉筆塚祭」が開催されたが、こちらも途切れることなく開催され続け、２０２０年には第68回を数えている。

１９５４年には筆塚の隣に、「紅葉句碑」が新たに建立された。この句碑には、紅葉の作った俳句「暗しとは 柳に浮名 あさみどり」が刻まれており、毎年開催される「尾崎紅葉筆塚祭」では玉串が捧げられている。

「金色夜叉の碑」は、１９４９年に襲来した台風で護岸が決壊したときに倒れ、先端が欠損してしまうという災難に見舞われた。江戸時代以来の「お宮の松」も、１９５９年に車の衝突で枝を折られたり、排気ガスの影響を受けたりして、１９６６年までに枯れてしまい、移設のうえ2代目に代替わりする変遷をたどった。

初代「お宮の松」の伐採と代替わりは、１９６６年11月15日の読売新聞で紹介され、消えゆく老松が惜しまれた。「金色夜叉の碑」は2代目の「お宮の松」とともに現存しており、戦前から続く熱海の観光資源を守り続けている。

１９８５年には、「金色夜叉の碑」の近くの海岸に、熱海市在住の彫刻家である館野弘青《たてのこうせい》氏が手がけた「貫一・お宮の像」が建立され、観光資源が積み増しされた。男性が女性を蹴り飛ばす姿は現代では刺激が強いとされ、２０１６年には日本語と英語で「物語を忠実に再現したもので、決して暴力を肯定したり、助長するものではありません」と解説するプレートが、熱海市によって設置されている。熱海市によると、外国人観光客に女性蔑視と受け取られないような理解を求めるために、設置したと説明されており、公式サイトにもそのことが記載されている。この周辺の一帯は「お宮緑地」として整備され、熱海市の重要な観光スポットになっている。

「今月今夜」の1月17日には、毎年「尾崎紅葉祭」が開催され、熱海芸妓組合の芸者らが名場面の寸劇を披露することが慣例になっており、その様子はインターネット上のニュースサイトなどで広く紹介されている。長年の取り組みが受け継がれているのは、何よりも『金色夜叉』が地元の方々に愛されていることの証左であろう。

その世界観は、熱海を訪れる多くの観光客にも親しまれており、「貫一・お宮の像」の前に人だかりができて、観光ガイドの方の説明に聞き入る風景がよく見られる。その様子を写真7-3に示す。

写真7-3 「貫一・お宮の像」

(2017年1月)筆者撮影

観光客の一行が「貫一・お宮の像」を取り囲み、ガイド役の説明に耳を傾けている。熱海の人気スポットのひとつになっており、『金色夜叉』の世界観は現在もなお多くの観光客に親しまれている。

作品から派生した新たなコンテンツが続々登場

『金色夜叉』の作品世界は、21世紀に入っても新たな広がりを見せている。2012年には、新たな舞台公演『金色夜叉オルタナティブ』(劇団レトルト内閣)が上演された。公式サイトによると、「オルタナティブ」には「既存のものに取って代わる新しいもの」「選ばれなかった、もうひとつの選択肢」といった意味を込め、「古典の金色夜叉に取って代わる新しい金色夜叉」として大胆にリメイクしている。

２０１７年には、原作小説を現代語訳した『金色夜叉 現代語版 前編――熱海の恋のものがたり』が電子出版された。紙に印刷したオンデマンド書籍版も、アマゾン書店で注文ができるようになっている。これは、桐蔭横浜大学の並木浩一教授らのグループによって手がけられたもので、原文が持っている格調高い文体は損なわれるものの、やさしく『金色夜叉』の世界に親しめることは、それを上回る魅力があると考え、作られたものであるという。

同じく２０１７年に読売新聞紙上で連載された『黄金夜界《おうごんやかい》』(橋本治《はしもとおさむ》著)は、『金色夜叉』を翻案したリメイクであり、主要人物の名前や物語のプロットはそのままに、平成の世相を反映した現代小説として生まれ変わり、話題を呼んだ。(15) ２０１８年には、フリー素材集のサイト「いらすとや」で『金色夜叉』のイラストが新たに作成・公開されたことも耳目を集めた。インターネット上においても、一定の人気を保ち続けていることを表している。

地元でも取り組みの幅が広がっている。２０１２年４月には、熱海温泉ホテル旅館協同組合が『金色夜叉』のあらすじと解説をまとめた冊子を作成して配布する事業を行い、同年４月６日の読売新聞で報じられた。記事によると、地元でも『金色夜叉』を知らない若手経営者や従業員が増えており、その作品世界と地元とのつながりを知ってもらうことを目的として制作された。これは宿泊客にも配布され、要望が多ければ増刷もされるという。

「貫一・お宮の像」は、手狭な場所に設置されていたため、２０１２年11月に移設工事が行われ、イベント開催時にスペースの余裕が確保された。

２０１９年1月17日には、尾崎紅葉の生誕１５０周年を記念する新たな石碑「尾崎紅葉記念碑」が「貫一・お宮の像」の隣に建てられ、「尾崎紅葉祭」で除幕式が行われた。「熱海ネット新聞」の２０１９年1月17日の記事によると、記念碑は紅葉の孫にあたる尾崎伊策氏の提案により、紅葉生誕１５０周年の節目となった２０１７年に制作計画が具体化、陶板と黒御影の制作費は同氏が、土台となる白御影石は熱海市が負担して建立に漕《こ》ぎ着けたという。物語を知らない世代や、外国人の観光客にも理解してもらえるように、紅葉の略歴や作品の世界観が日本語と英語で説明されている。

ここまでの動きをあらためて概観すると、『金色夜叉』の作品世界は作者の誕生から１５０年、原作の発表から１２０年以上が経過しても忘れ去れることがないこと、その世界観を理解するための取り組みが続けられていること、作品世界から派生した新たなコンテンツも創作され、世界観の広がりを見せていることが再確認される。

そして、第二次世界大戦前におけるコンテンツツーリズムの代表的な事例でありながら、戦後から現在に至るまで地元での取り組みが続けられていること、熱海市における有力な観光資源になっていること、何よりも地元の方々に作品世界が愛されており、それが息の長いコンテンツツーリズムの実現につながっていること、こうしたことも再確認される。

インターネット時代にもよく対応しており、新旧さまざまな公式・非公式の情報が検索可能である。熱海から積極的に情報発信が続けられていることも、新たなファンを生み出していくことに役立つだろう。コンテンツツーリズムが抱える課題として「持続性」の問題が指摘されており、ブームが去った後に、どのように取り組みを続けていくかについての課題に挑んでいる場所が多いとされる。ここで『金色夜叉』にちなんだ熱海市の事例を学ぶことは、さらなる持続的なコンテンツツーリズムの推進を考えていくうえで、示唆に富んだ知見が得られるのではないだろうか。

ここまでの検討結果を踏まえ、まとめとして「持続的なコンテンツツーリズムのメカニズム」のサイクルを提示してみたい。

①作品が愛される(ファンが生まれる)。
②作品にゆかりの地域も愛される(ファンが地域を訪れ、地域のファンにもなる)。
③地域で作品が愛されるようになる(地域で作品にちなんだイベントが開催される)。
④作品の魅力が再発見される(派生作品の創作にもつながる)→①に戻る。

このサイクルが成り立つのは、『金色夜叉』という作品世界に高い魅力があることはもちろん、その舞台となった地元で愛されていることが、何よりも大切なのではないか。世紀をまたぐコンテンツツーリズムの成功事例として、『金色夜叉』の作品世界がさらに親しまれ、熱海の地域振興・観光振興に貢献し続けていくことを願わずにはいられない。同時に、さまざまなコンテンツ作品の舞台となった他の多くの地域においても、末永く持続的に作品世界が親しまれ、賑わい続けることを願わずにはいられない。

08

観光業界に風を吹かせる

映画ロケ地が「誘客」「感動」の源泉として注目

映画『かもめ食堂』『Love Letter』『非誠勿擾』の価値

「シネマツーリズム」とは、映画作品のロケ地を訪ねること

映画の舞台となったロケ地、原作地を訪れる観光現象は、「シネマツーリズム」と呼ばれ、国内外のヒット作品を背景に国内旅行や海外旅行を誘発する旅行のスタイルとして幾度もブームを起こしている。シネマツーリズムは、コンテンツを通じて醸成された物語性を観光資源とする「コンテンツツーリズム」のひとつのカテゴリーである。

今日、マンガやアニメの作品に登場する舞台、作者ゆかりの地域を訪れる旅が、「アニメツーリズム」、あるいは「聖地巡礼」と呼ばれ、大きな注目を集めているが、遥か以前より日本はもちろん、世界中で行われていた旅の形であり、途切れなくムーブメントを起してきた観光現象である。

シネマツーリズムと類似した表現で、「フィルムツーリズム」「スクリーンツーリズム」「ロケツーリズム」「ロケ地巡り」などがある。なかではフィルムツーリズムの名称が多く使われている。それぞれ明確な定義はなく、使用する人の好みで使われているようである。

強いて規定すると、シネマツーリズムは劇場で公開された映画、つまり、テレビドラマなどを含めないものを対象にしている印象が強い。フィルムツーリズムは、映画やテレビドラマだけではなく、テレビCMやプロモーションビデオなどの幅広い映像作品のロケ地、原作の舞台を訪ねる旅を指す。

スクリーンツーリズムは、シネマツーリズムと同様な印象を受ける。しかし、観光庁が地域活性化

のために推進している「スクリーンツーリズム促進プロジェクト」では、映画・ドラマなどの映像作品を活用した活動と明記しているため、どちらかと言うとフィルムツーリズムと同義語と、とらえられている。ロケツーリズム、ロケ地巡りも、映像作品のロケ地を訪れるという意味では、フィルムツーリズムと同じ意味と解釈していいだろう。

ここでは、コンテンツツーリズムを、小説・映画・テレビドラマ・マンガ・アニメ・ゲーム・音楽・絵画など幅広いコンテンツ作品を対象としたものと位置づけ、フィルムツーリズムを映画やテレビドラマ、テレビCM、プロモーションビデオなどの映像作品を対象とした観光現象と規定する。そして、シネマツーリズムの観光対象は劇場で公開された、いわゆる映画のロケ地とする。

この考え方を整理したのが、図表8-1であるが、シネマツーリズムを「劇場で公開された映画作品の舞台となったロケ地を訪ねる旅、その観光現象」と定義する。なお、アニメーション映画については言及しないことにする。

さて、日本映画の最高傑作とも言われる、松本清張原作の松竹作品『砂の器』(1974)は、そのロケ地となった舞台が注目された。奥出雲地方の亀嵩や鳥取砂丘などで、ロケ地巡りをする旅行者は後を絶たなかった。日本のシネマツーリズムのはじまりと言える映画作品である。しか

図表8-1 シネマツーリズムの概念

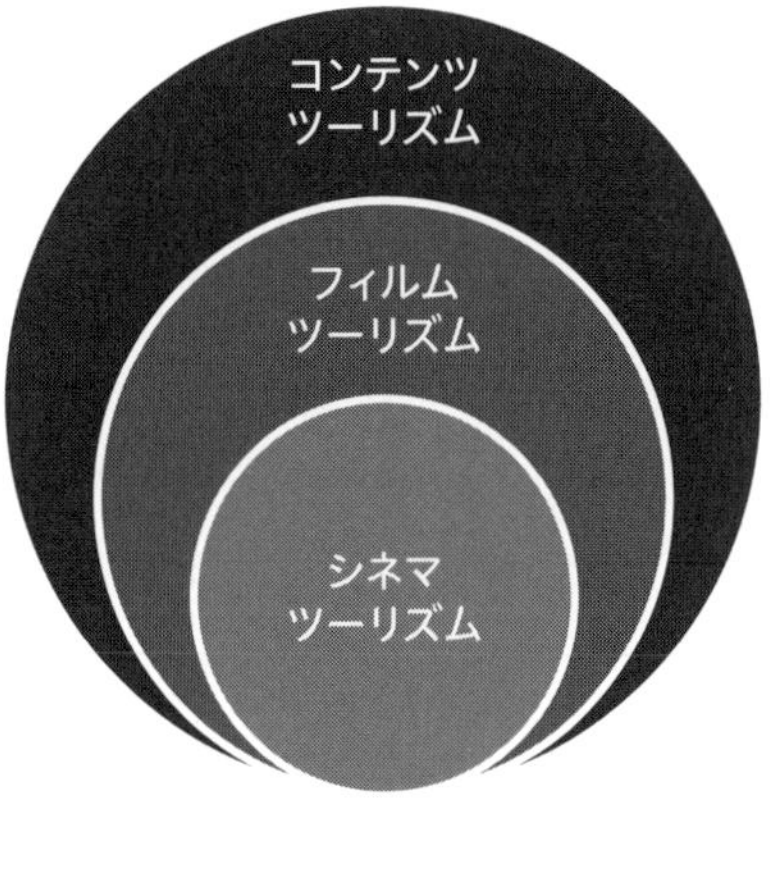

し、もともとは「読売新聞」に連載された夕刊小説であり、連載後に書籍化され、話題作となったベストセラー長編推理小説であった。

１９７４年に松竹で映画化され、大ヒットした。それと前後し、なんと5回もテレビドラマ化され、その都度大きな評判となった。このように原作である小説や同じ原作から制作されたテレビドラマなどと複合した形で、その舞台となった地に興味を持つことも少なくはない。映画に感動したからだけではない観光現象と言える。

このことからシネマツーリズムの考察には、旅行動機となるコンテンツ作品を厳密に区分することが困難なケースもあることに留意しなければならないだろう。

また、一方で映画のあり方自体が変化し、その原作の位置づけ、リバイバル上映、さらに二次利用となるビデオ、テレビ放映、インターネット視聴、ゲーム化など、複合的なコンテンツ要素により、さらには劇場上映のないデジタル配信映画の登場など以前と異なる形で進行している。シネマツーリズムのあり方も変化していくことが予想される。

人々が映画のロケ地を旅するきっかけとなった『ローマの休日』

シネマツーリズムが顕在化したのは、１９５３年にアメリカで制作・公開され、翌１９５４年、日本でも公開され、世界的な大ヒットとなった名作『ローマの休日』の登場からである。この作品は世界中の国々の海外旅行を誘発し、イタリアにおいてはインバウンド旅行者を拡大した。旅をするときに映画のロケ地を訪問することがトレンドとなり、今日まで続く観光現象となった。

『ローマの休日』は、オードリー・ヘップバーン扮するある国の王女アンとグレゴリー・ペック扮するアメリカ人新聞記者ジョー・ブラッドレーとの永遠の都・ローマで繰り広げられる短く切ない恋の物語である。ローマを代表する観光スポットが見事に登場している。その名所を舞台に、オードリー・ヘップバーン扮するアン王女が庶民の服を着て、とても短い自由と休日をイキイキと満喫する姿は、世界中の映画観賞者を惹きつけた。

第二次世界大戦後10年が経ち、欧米の先進諸国で、マスツーリズムが開花する。平和と社会安定、経済発展を背景に、観光が一般大衆の間に広く行われるようになった。ジェット旅客機の就航により海外旅行も一般化し、彼らはローマを目指した。

ローマはイタリアの首都であり、政治、経済、文化の中心地であり、数多くの貴重な歴史遺産があり、ローマ教皇の居住する全世界のカトリック教徒にとっての聖地でもある。それらも大きな要素には違いないが、『ローマの休日』の舞台を自分の目で見て、自分の足で巡ってみたい、ヘップバーンと同じような体験をしてみたい、と多くの人が考えて訪れたのである。

日本でも1964年に海外観光旅行が自由化され、旅行会社による海外パッケージツアーによるヨーロッパ旅行が可能になった。それにともないローマは、欠かせないデスティネーション(旅行目的地)となり、訪問する人が増えた。実際、その当時も現在も、ローマに訪れると、日本人旅行者だけではなく世界中の旅行者が、ローマのサンタ・マリア・イン・コスメディン教会(Santa Maria in Cosmedin)の正面柱廊の奥に飾られている石の彫刻「真実の口」にカップルで手を差し入れ、映画のワンシーンを再現できたうれしさに声をあげ、記念写真を撮ってもらっている。また、スペイン広場に行き、大階段を上り下りし、映画の1シーンのようにジェラートを食べる。

その後、ヘップバーンの代表作となる『ティファニーで朝食を』(1961)で多くの日本人が、ニューヨークの五番街を知り、ティファニーというブランドに憧れ、ニューヨークへ旅立った。やはり、ヘップバーンが主演する、パリを舞台に繰り広げられるミュージカル映画『パリの恋人』(1957)は、日本人に憧れのパリ、ファッションの街パリのイメージを抱かせた。

『慕情』(1955)は、ジェニファー・ジョーンズとウィリアム・ホールデン主演の香港を舞台とした悲恋物語で、映画音楽史上に残る主題歌とともに、日本でも大ヒットした。日本人旅行者は、映画に登場するヴィクトリアピークから見る100万ドルの夜景に憧れ、旅立った。日本人の海外旅行の黎明期に、外国映画が今日定番となっている憧れの都市のイメージを醸成していった。

その後、ハリウッド映画は全盛期を迎え、名作、ヒット作が続々と生まれ、日本人の海外旅行熱を刺激し、ロケ地へと誘った。『サウンド・オブ・ミュージック』(1965)のオーストリア・ザルツブルク、『ブリット』(1968)の坂の街サンフランシスコ、『ビバリーヒルズ・コップ』(1984)のロサンゼルスにある高級住宅街であるビバリーヒルズ、『スタンド・バイ・ミー』(1986)のアメリカ・オレゴン州、『プリティ・ウーマン』(1990)のロサンゼルスなど、数えきれない映画が日本人の海外旅行を生み出している。

その現象は途切れることなく続き、2000年代になると、世界中の映画ファンをシネマツーリズムへと巻き込む、大ヒットシリーズがふたつ登場する。ロンドンはじめイギリス各地が舞台となる『ハリー・ポッター』シリーズ(2001)とニュージーランド全域にロケ地がある『ロード・オブ・ザ・

リング』（２００１）である。

国内旅行に映画ロケ地を選ぶ人で、変哲もない町が観光地へ

日本映画によるシネマツーリズムの萌芽《ほうが》とも言える作品は、『二十四の瞳』（１９５４）であろう。日本が第二次世界大戦に突入する時代を背景に、小さな島で生きる女性教師と生徒たちの苦難と悲劇を通して、戦争の悲壮さを描いた作品である。壷井栄の原作には具体的な地名は出てこないが、映画では物語の舞台は小豆島で、ロケも行われた。

映画はヒットし、小豆島は『二十四の瞳』の島となった。小豆島の玄関口、土庄港には女性教師と12名の生徒から成る「平和の群像」が旅行者を出迎える。また、リメイク版『二十四の瞳』（１９８７）の撮影時のオープンセットを活用した「二十四の瞳映画村」があり、今なお訪れる旅行者は多い。

その後、前述した『砂の器』（１９７４）の奥出雲地方や鳥取砂丘のロケ地巡りが注目された。『幸福の黄色いハンカチ』（１９７７）は、北海道を舞台にしたロードムービーの代表作で、今でも広大な北海道を縦断する「ロケ地訪問ドライブ」が定着している。『男はつらいよ』（１９６９〜１９９５）は26年間に全48作品（ロケ地は44都道府県・「松竹映画『男はつらいよ』公式サイトロケーション一覧」より）が制作、公開されたまさに国民的映画シリーズである。

ロケは、ほぼ全国で行われているが、高知県と富山県、埼玉県では撮影が行われていない。今でも

映画のシーンを思い出しながら、寅さんが歩いた日本の懐かしい風景を巡っているファンは少なくない。しかし、ほぼ全国にまたがるロケ地は、希少性がなく魅力に欠けるとも言える。むしろ、寅さんの故郷である東京の葛飾柴又の帝釈天は、この映画の公開を機に今も続く大観光地となった。

この時期の日本において、シネマツーリズムの記念碑的作品が制作される。「尾道三部作」である。大林宣彦監督が故郷の尾道を舞台として発表した『転校生』（1982）、『時をかける少女』（1983）、『さびしんぼう』（1985）の三作品を指す。いずれも、尾道のまちを舞台に、中高生を主人公にしたファンタジーであり、ノスタルジックな青春ドラマであった。

すでに「坂の街」「文学の街」として全国的に有名な観光地であったが、映画では観光スポットに焦点を当てず、昔ながらの生活の場である尾道の風景を映し出した。これらの作品が多くのファンの熱狂的な支持を集め、ロケ地巡りの旅行者を増加させ、「映画の街」として定着し、今日まで続いている。この作品は、地元との協力関係の中で作られたことも、その成功の要因であった。

『Love Letter』（1995）は、1999年には韓国でも公開され、韓国での観客動員数百万人という大ヒットを記録した。舞台となった小樽には日本人だけでなく、韓国人旅行者が大勢押しかけた。当作品については後述する。『木更津キャッツアイ日本シリーズ』（2003）は、千葉県木更津市を一躍全国区の知名度とし、にわかに旅行者が増える。地域名をタイトルとした映画『下妻物語』（2004）がヒットした。観光地でもなく、ほとんどの人が知らなかった下妻の知名度が急上昇し、地元の駅には若い女性が大勢訪れるようになった。

『世界の中心で、愛をさけぶ』（2004）は、高松市庵治町の皇子神社が恋人の聖地になった。『フラガール』(2006)は、まちおこし事業として立ち上げた常磐ハワイアンセンター(現:スパリゾートハワイアンズ)が脚光を浴びた。『UDON』(2006)は、映画に登場する香川県のうどん店を巡る「映画UDONロケ店巡り」を流行させた。『めがね』(2007)は、鹿児島県の与論島が、アカデミー賞外国語映画賞を受賞した名作『おくりびと』(2008)は、山形県庄内地方がデスティネーションとなった。その後も、各地に誕生したフィルムコミッションの活動などによりシネマツーリズムの新たなデスティネーションが生まれている。

「観光マーケット」「映画制作国」からシネマツーリズムを8分類する

観光マーケットを旅行者・旅行の目的地から分類すると、次のようになる。

①国内旅行、日本国内に在住している人が、日本国内のある場所に旅行すること。
②アウトバウンド(海外旅行)、日本に在住している人が、日本以外の国へ旅行すること。
③インバウンド(訪日外国人旅行)、日本以外に在住する外国人が日本を訪れ日本国内を旅行すること。

日本では、それぞれのシネマツーリズムが存在する。

また、日本で観賞する映画は、日本国内で制作された日本映画と、日本以外の国・地域で制作された外国映画に大別される。日本映画は邦画と呼ばれ、外国映画は洋画と呼ばれることが多い。洋画は欧米で制作された映画の印象が強い。近年、中国映画、韓国映画、インド映画、つまり、アジア映画の輸入も拡大し、定着している（本書では、欧米だけではなく、アジア映画やその他の国・地域で制作された映画を外国映画とする）。

シネマツーリズムの視点から見ると、日本映画は日本人の日本国内のロケ地などへの旅行を誘発し、外国映画は海外のロケ地に日本人を誘うアウトバウンド（海外旅行）を生み出す。しかし、近年、日本映画の舞台やロケ地が海外であることもあり、外国映画の舞台やロケ地が日本国内であることもあり、新たな観光現象を生み出している。

２０１９年の全国の映画館の入場者数は、１億９４９１万人（前年比１１５・２％）、興行収入は２６１２億円（前年比１１７・４％）と、いずれも前年の２ケタ伸率となり、２０１６年度の記録（２３５５億円）を超える過去最高を記録した。これは、日本映画は『天気の子』『名探偵コナン紺青の拳（フィスト）』などのアニメ作品、外国映画『アナと雪の女王2』『アラジン』などのウォルト・ディズニー作品のヒットによるものである。

興行収入のうち作品構成比は、日本映画が54％（１４２２億円）、外国映画が46％（１１９０億円）であった（一般社団法人日本映画製作者連盟発表）劇場映画の人気は好調に推移していると言っていい。

図表8-2は、映画の製作国、訪問旅行者（日本人か外国人か）、シネマツーリズムのデスティネーションとなる舞台・ロケ地（日本国内か海外か）の要素から、日本のシネマツーリズムの分類を試みたものである。

①日本映画を、日本人が鑑賞し、日本国内の舞台・ロケ地を訪ねる旅。

②日本映画を、日本人が鑑賞し、海外の舞台・ロケ地を訪ねる旅。

③日本映画を、外国人が鑑賞し、日本国内の舞台・ロケ地を訪ねる旅。

④日本映画を、外国人が鑑賞し、海外の舞台・ロケ地を訪ねる旅。

⑤外国映画を、日本人が鑑賞し、日本国内の舞台・ロケ地を訪ねる旅。

⑥外国映画を、日本人が鑑賞し、海外の舞台・ロケ地を訪ねる旅。

⑦外国映画を、外国人が鑑賞し、日本国内の舞台・ロケ地を訪ねる旅。

⑧外国映画を、外国人が鑑賞し、海外の舞台・ロケ地を訪ねる旅。

この8カテゴリーに分類することができる。

①については、映画の舞台・ロケ地を訪

図表8-2　日本のシネマツーリズムの分類

制作国	訪問旅行者	ロケ地（シネマツーリズムのデスティネーション）	
		日本国内	海外
日本映画	日本人	①国内旅行	②アウトバウンド
		『二十四の瞳』 『大林宣彦・尾道三部作』 『幸福の黄色いハンカチ』 ほか多数	『かもめ食堂』 『世界の中で愛をさけぶ』 『アマルフィ 女神の報酬』 ほか
	外国人	③インバウンド	④＊＊＊＊
		『Love Letter』 『黒澤明作品』 『北野武作品』 ほか	ほとんどなし
外国映画	日本人	⑤国内旅行	⑥アウトバウンド
		ほとんどなし	『ローマの休日』 『サンドオブミュージック』 『ハリーポッター』 ほか多数
	外国人	⑦インバウンド	⑧＊＊＊＊
		『非誠勿擾』 『007は二度死ぬ』 『タイムライン』 ほか	無数にある

ねる国内旅行であり、前述の『二十四の瞳』で起こった観光現象以降、多数の日本映画が対象となり、今日まで続く定番の旅行スタイルである。

②については、日本人のアウトバウンドを誘発する。日本映画が海外を舞台にし、ロケをすることは数が少なく、海外旅行自体ハードルが高いので、事例は少ない。フィンランドのヘルシンキが舞台の『かもめ食堂』(２００６)が観光スポットとして今日でも人気が続いている。極めて注目すべきシネマツーリズムとして、別項で考察する。

③については、日本の観光政策において重要視されるインバウンドを誘発する。日本映画の海外進出、海外での公開が前提となり、数は少ない。前述した韓国人がロケ地小樽に殺到した『Love Letter』が代表事例である。国もこのシネマツーリズムに注力している。今後の可能性を含め、別項で考察する。

④については、海外が舞台・ロケ地の日本映画を鑑賞した外国人がその地を訪れる旅である。皆無ではないが、事例は見当たらない。また、日本の観光には寄与しない。

⑤については、外国映画を日本人が鑑賞し、日本国内の舞台・ロケ地を訪ねる国内旅行である。『沈黙 ―― サイレンス』(２０１６・日本を舞台にしたアメリカ映画・原作は日本の小説)による舞台となった長崎の旅が生まれた事例はあるが、きわめて稀な現象である。

⑥については、日本人の海外へのシネマツーリズムであり、多くのアウトバウンドを生み出してきた。『ローマの休日』以降、多くの名作が数多くの日本人を海外へと誘ってきた。

⑦については、日本が舞台・ロケ地の外国映画を外国人が鑑賞し、日本国内の舞台・ロケ地を訪ねる

旅。インバウンド旅行者を発生させる。中国国内での大ヒット映画『非誠勿擾』（2008）が、中国人の北海道旅行大ブームを起こしたことは記憶に新しい。日本を舞台・ロケ地とした外国映画は決して少なくない。日本のインバウンド拡大の要素となりうる。別項で考察する。

⑧については、数限りなくあり、海外での観光現象である。

ここでは、シネマツーリズムのバリエーションの拡大、日本のインバウンド・アウトバウンドの振興の観点から、

- ②の日本映画を日本人が鑑賞し、海外の舞台・ロケ地を訪ねる旅。【日本映画による日本人のアウトバウンド・シネマツーリズム】
- ③日本映画を外国人が鑑賞し、日本国内の舞台・ロケ地を訪ねる旅。【日本映画による外国人のインバウンド・シネマツーリズム】
- ⑦外国映画を、外国人が鑑賞し、日本国内の舞台・ロケ地を訪ねる旅。【外国映画による外国人のインバウンド・シネマツーリズム】

について、事例を考察し、その可能性を探っていくことにしよう。

◎『かもめ食堂』海外ロケで日本の女性客が増えた北欧

最初に、②の日本映画を日本人が鑑賞し、海外の舞台・ロケ地を訪ねる旅。【日本映画による日本人のアウトバウンド・シネマツーリズム】について整理してみたい。

『かもめ食堂』は、監督は荻上直子、出演は小林聡美、片桐はいり、もたいまさこ、と個性豊かな女優陣による作品であり、まさにこの条件に当てはまる。フィンランドのヘルシンキを舞台に、ゆったりとした日常と食を通しての交流を不思議なタッチで描いた作品。

大ヒットではなかったが、多くの日本人女性の心をつかみ、北欧への旅を誘った。ロケ地巡りは上映後10数年経つが、今日もヘルシンキ観光の定番コースとなり、ロケ地情報も本やネットに数多い。現地旅行会社によるロケ地巡り半日コースのオプショナルツアーもある。ロケで使われた店舗は上映された当時は、「カハヴィラ・スオミ」という店名で、地元の人々が立ち寄る素朴な食堂だったが、2016年「ラヴィントラ・カモメ(かもめ食堂)」という名前に変わり、日本人の経営で現在も営業しており、多くの日本人旅行者が訪れている。映画のシーンで登場する、シナモンロールも食べることができる。主人公たちが出会う、市内のアカデミア書店とアアルトカフェ、海沿いのカフェテラスなどもロケ地巡りのコースになっている。

このような形で、日本人のアウトバウンドが増えていくことはうれしいことだが、日本映画で舞台が海外で、海外ロケをしているケースは決して多くない。海外ロケにはそれなりの製作費や製作日数

図表8-3　海外を舞台にした主な日本映画

公開年	作品名	監督	主な出演者	舞台
1993	ぼくらはみんな生きている	滝田洋二郎	真田広之、山崎努、岸部一徳、早見優	架空国タルキスタン（タイ）
2004	世界の中心で、愛をさけぶ	行定勲	大沢たかお、柴咲コウ、長澤まさみ、森山未來	アリススプリングス（オーストラリア）
2006	かもめ食堂	荻上直子	小林聡美、片桐はいり、もたいまさこ	ヘルシンキ（フィンランド）
2007	夜の上海 ※日中合作	チャン・イーバイ	本木雅弘、ヴィッキー・チャオ、西田尚美	上海（中国）
2008	闇の子供たち	阪本順治	江口洋介、宮崎あおい、妻夫木聡	タイ
2008	七夜待	河瀬直美	長谷川京子、グレゴワール・コラン、キッティポット マンカン	タイ
2009	プール	大森美香	小林聡美、加瀬亮、伽奈、もたいまさこ	チェンマイ（タイ）
2009	アマルフィ 女神の報酬	西谷弘	織田裕二、天海祐希、戸田恵梨香、福山雅治	ローマ・アマルフィ（イタリア）
2009	ホノカアボーイ	真田敦	岡田将生、倍賞千恵子、松坂慶子、長谷川潤	ハワイ（アメリカ）
2009	サイドウェイズ	チェリン・グラック	小日向文世、生瀬勝久、鈴木京香、菊地凛子	ナパ・バレー（アメリカ）
2009	のだめカンタービレ 最終楽章 前編/後編	武内英樹/川村泰祐	上野樹里、玉木宏、瑛太、水川あさみ、小出恵介	フランス・チェコ他
2010	トイレット	荻上直子	アレックス・ハウス、タチアナ・マズラニー、もたいまさこ	トロント（カナダ）
2011	アンダルシア 女神の報復	西谷弘	織田裕二、黒木メイサ、戸田恵梨香、福山雅治	バルセロナ・アンダルシア（スペイン）
2011	僕たちは世界を変えることができない	深作健太	向井理、松坂桃李、柄本佑、窪田正孝	カンボジア
2011	たまたま	小松真弓	蒼井優、森山開次	アイルランド
2012	新しい靴を買わなくちゃ	北川悦吏子	中山美穂、向井理、桐谷美玲、綾野剛	パリ（フランス）
2018	海を駆ける ※日仏インドネシア合作	深田晃司	ディーン・フジオカ、太賀、阿部純子、鶴田真由	インドネシア
2018	50回目のファーストキス	福田雄一	山田孝之、長澤まさみ、ムロツヨシ、勝矢、太賀	ハワイ（アメリカ）
2019	コンフィデンスマンJP -ロマンス編	田中亮	長澤まさみ、東出昌大、小日向文世、三浦春馬、竹内結子	香港

出典：キネマ旬報映画データベース、映画.com、Filmarks映画、各映画公式サイトなどのデータより筆者作成

がかかる。１本あたりの製作費数千万円～5億円程度と言われている日本映画には重荷である。ハリウッド映画の製作費とは、２ケタ金額が違うと言われている。１７９頁の図表8-3は、海外を舞台にした主な日本映画の一覧である。

『かもめ食堂』の監督、荻上直子は、カナダのトロントを舞台に『トイレット』（２０１０）を制作している。この作品のロケ地巡りは聞かない。それより以前、同監督は、とある島の浜辺の宿を舞台に、都会から来た女性と島の人々と触れ合いを描いた『めがね』（２００７）を制作し、海外ではないが全編鹿児島県の与論島でロケし、与論島は「たそがれ」を求める女性の聖地となっている。

『プール』（２００９）は、大森美香監督による、タイのチェンマイを舞台にした物語。小林聡美ら『めがね』『かもめ食堂』から多くのキャスト、スタッフを引き継いでいて、描かれる世界観も共通している。登場したチェンマイの小さな寺が、「かわいくて癒されるお寺」と言われ、観光スポットになった。

『世界の中心で、愛をさけぶ』（２００４）は、片山恭一のベストセラー小説の映画化。映画もヒットし、「セカチュー」と略されて流行語にもなり、「セカチューブーム」として社会現象になった。前述のように、ロケ地である高松市庵治町《あじちょう》の皇子神社は、恋人の聖地となり、多くの恋人たちや若い女性が訪れた。ロケはほとんどが香川県、愛媛県であるが、エンディングにはオーストラリアのウルル（エアーズロック）がロケ地となり、その地の知名度が急上昇し、やはり恋人の聖地となり、ハネムーン、さらには現地ウエディングのデスティネーションとなった。

海外ロケで注目を集めた映画がある。『アマルフィ女神の報酬』（２００９）は、イタリアで起きた日本人少女失踪事件の謎に迫る、織田裕二主演のサスペンス・ミステリー。全編イタリアロケを敢行して撮られ、日本映画としてはスケールの大きな映像作品となった。

アマルフィとは、イタリア南部の都市の名前。急峻なアマルフィ海岸に面して築かれた都市で、アマルフィ海岸はユネスコの世界遺産に登録されている。その頃、日本はちょうど世界遺産ブームで、聞きなれないアマルフィへのツアー客が急増した。日本映画が海外の新しい観光地を紹介した事例となった。その続編に『アンダルシア 女神の報復』（2011）がある。スペインのバルセロナ、アンダルシア地方の風景を見事に描いている。ともに日本人のアウトバウンドを意識して制作された。

『ホノカアボーイ』（2009）は、ハワイ島の北端に実在する小さな町ホノカアに住む日系アメリカ人のコミュニティを舞台にした映画。ハワイに新しいデスティネーションを作った。日本航空が撮影に協力したこともあり、ジャルパックが映画のロケ地巡りツアーを商品化し、女性を中心に旅行者が集まった。

『サイドウェイズ』（2009）のアメリカ・カリフォルニアのナパバレー、『たまたま』（2011）のアイルランド、は新鮮な

写真 『かもめ食堂』の舞台「カハヴィラ・スオミ」

ヘルシンキ・筆者撮影

地元の人が訪れる小さな食堂。ガラス面に日本語で「かもめ食堂」と書いてあった。

海外舞台であった。『新しい靴を買わなくちゃ』（２０１２）は、メジャーデスティネーションであるパリが舞台だがパリの街並みを気持ちよく描いていた。

東南アジアを舞台、ロケ地としている映画が多いが、『闇の子供たち』（２００８）のように深刻なテーマを扱い、観光とは無縁の作品もある。一方、『僕たちは世界を変えることができない』（２０１１）のように、観光を超える旅（ボランティア）の姿を描いているものもある。

中山美穂主演『サヨナライツカ』（２０１０）はタイ・バンコクが舞台で、そこに登場する老舗高級ホテル「マンダリン・オリエンタル・バンコク」が若い女性の憧れとなり、タイ旅行に結びついた。また、加瀬亮主演『自由が丘で』（２０１４）は、舞台となったソウル・三清洞の街とカフェへのロケ地巡りが注目された。しかし、両作品とも日本映画ではなく韓国映画であった。

日本映画による日本人のアウトバウンド・シネマツーリズムは、日本映画が海外ロケを敢行しなくてはならず、ある程度のヒットが条件となり、かつ旅行者は海外旅行をすることになる。制作サイド、旅行者サイドにとってハードルは決して低くはないが、日本の映画によって海外に新しいデスティネーションを生み出すという、流れができていくことを期待したい。

韓国政府「日本の大衆文化受け入れ政策」の一翼を担った『Love Letter』

次に、③日本映画を外国人が鑑賞し、日本国内の舞台・ロケ地を訪ねる旅。【日本映画による外国人のインバウンド・シネマツーリズム】について述べよう。

『Love Letter』（１９９５）は、岩井俊二監督、中山美穂、豊川悦司主演の天国の恋人に向けて送った一通のラブレターがきっかけではじまる、雪の小樽と神戸を舞台にしたラブストーリーである。１９９９年には韓国でも公開され、韓国での観客動員数が百万人以上という大ヒットを記録した。

この映画は、韓国の金大中大統領が進めてきた「日本の大衆文化受け入れ」の象徴的な役割を果たしたと言われている。劇中、主人公が婚約者を奪った山に向かって叫ぶ「お元気ですか？」という日本語が韓国で流行語となった。舞台となった小樽には韓国人旅行者が、大勢押しかけた。ロケ地は市内のアクセスのよいところが多く、今日でもロケ地巡りをする人は少なくない。

このように、映画のロケ地が多くの旅行者を集め、しかも海外からも呼び寄せることができることに、全国の地域の人々が気づくきっかけとなった。地元との協力関係の中で制作された大林宣彦監督「尾道三部作」（１９８２〜１９８５）、そしてこの『Love Letter』のシネマツーリズムとしての成功事例がフィルムコミッション[(1)]の誕生へとつながったと言われている。２０００年代になると、全国各地にフィルムコミッションが続々と設立された。

この事例のように、日本の都市や街が舞台の日本映画が海外で上映され、多くの人に鑑賞され、日本に行きたいと思ってもらうには、まず日本映画が海外で評価され、海外各国・都市で上映されなくてはならない。いわゆる日本映画の海外進出、海外展開である。しかし、いまだに進んでいない状況にある。

日本映画の海外展開が進まない理由は、言語や文化の違い、日本映画への関心度、認知度の低さにあると言われている。それは、１９５０年代の日本映画隆盛期に、大手映画会社が海外市場に目を向けなかったことにある。しかし、海外展開が進まない大きな理由は、日本映画業界を取り巻く環境に

あると言われている。その問題点は、

①映画のテーマや作風それ自体の問題

②人材育成や助成など、政府の映画産業支援の問題

③海外からの権利購入などの申し入れを受け付ける公的な統括窓口がはっきりしていない問題

などであるという。[2] 今日、海外の多くの国では、自国映画の権利などの交渉について、海外からの申し入れを受け付ける公的な機関[3]が存在し、機能している。しかし、日本映画、日本の映画人のレベルは決して劣っているわけではなく、作品自体の質が評価される世界三大映画祭(カンヌ国際映画祭・ヴェネツィア国際映画祭・ベルリン国際映画祭)、また、商業的な完成度が評価されるアメリカの映画の祭典アカデミー賞においても数多くの作品、監督、俳優などが受賞している。

これらの権威ある映画祭などで受賞した作品は、日本以外の国、欧米の国々で上映されることになる。ほとんどの作品が、日本国内での撮影で、日本や日本人を描いていることから、これらの作品を鑑賞して、日本への訪問を考えた外国人は決して少なくないと考えられる。

そういう意味では、小津安二郎や黒澤明、溝口健二ら巨匠の日本のインバウンドに対する貢献は計りしれない。その後、監督として活躍する今村昌平、北野武、黒沢清、是枝裕和らも同様に、さまざまな日本人と日本を描き、多くの外国人が日本に興味を持ってくれたことは間違いない。しかし、具体的な作品と地名が大きな観光現象として話題になったことは少ない。

図表8-4は、日本の映画産業市場規模と映画輸出額の推移を表わしたものである。映画輸出額は2015年以降、急速に伸びているが、映画産業市場規模に比して割合は少ない。また、この急速な伸びは、主にアニメーション映画の輸出好調によるものである。参考にアニメ産業市場規模（ユーザー市場規模・広義のアニメ市場）とアニメ海外売上を見ると、映画産業市場と比較にならない大きな規模を持ち、成長し続けている。

日本映画の海外展開は、今日においても他国と比較しても進んでいるとは言えないが、「ジブリ作品」「ポケモン」「ドラえもん」「コナン」などのアニメーション作品は海外での評価も高く、数多く配給され、観客数、興行収入とも伸ばしている。

近年、大ヒットしたアニメーション映画『君の名は。』（2016）は、世界125以上の国・地域に海外配給され、世界興行収入は3億ドル以上、全世界での累計動員数は4000万人を超えたと報じられている（2019）。『君の名は。』に続く新海誠監督の『天気の子』（2019）も、140

図表8-4　日本の映画産業市場規模と映画輸出額

（億円）

	2008年	2009年	2010年	2011年	2012年	2013年	2014年	2015年	2016年	2017年
映画産業市場規模	1,948	2,060	2,207	1,812	1,952	1,942	2,070	2,171	2,355	2,286
日本映画輸出額	78	62	72	63	58	72	85	128	179	243

【参考】

アニメ産業市場規模	13,798	12,542	13,131	13,295	13,333	14,464	15,988	17,740	19,394	20,908
アニメ海外売上	4,137	2,544	2,867	2,669	2,408	2,823	3,265	5,833	7,676	9,948

出典：（一財）デジタルコンテンツ協会『デジタルコンテンツ白書 2018』（2018年10月）
日本映画輸出額は、日本映画製作者連盟の加盟社とそのグループ会社が、日本映画関連の権利を利用して得た収入をさす。また、輸出額は1ドル＝110円。アニメ産業市場規模は、ユーザー市場売上（広義のアニメ市場）に基づく。

以上の国・地域で公開された。

世界で評価された日本映画は、芸術性が高く一部の都市のいわゆるミニシアターのような単館で短期間上映されることが多く、日本映画ファンを中心に鑑賞されていて、限定的なものになっていると言われる。アニメーション作品同様に、各国・地域でメジャー映画として上映され、数多くの人が鑑賞する作品の登場、海外配給の仕組みを考える必要があるだろう。

中国のヒット作『非誠勿擾』で中国人の北海道観光ブーム

⑦の外国映画を外国人が鑑賞し、日本国内の舞台・ロケ地を訪ねる旅。【外国映画による外国人のインバウンド・シネマツーリズム】について整理してみよう。

中国国内で空前の大ヒットを記録した『非誠勿擾《フェイチェンウーラオ》(邦題:狙った恋の落とし方。)』(2008)は、フォン・シャオガン監督。グォ・ヨウ、スー・チー主演による、投資で大当たりし一晩で億万長者となった主人公が結婚相手を求め、旅に出るコメディである。

映画後半の主舞台が日本の北海道で、中国に一大北海道観光ブームを巻き起こした。とくにポスターにも描かれた阿寒湖に中国からのツアー客が殺到した。中国においては、当時の歴代興行成績1位を記録し、数億人が鑑賞したと言われている。

東北海道の各都市、各温泉地の中国人宿泊者数は数倍になった。公開から10年以上が経過した現在でも釧路、阿寒湖、網走、厚岸、斜里、美幌などのロケ地巡りをする中国人旅行者は少なくない。

このように外国映画が日本を舞台にし、ロケ地として日本を紹介し、発生するインバウンド・シネマツーリズムは、日本の映画産業の力を頼らずに、生まれるインバウンドであり、注目される。

世界の映画ロケ地1600本以上が網羅されている『世界の映画ロケ地大事典』[4]に掲載されている日本がロケ地の作品は、『怪獣王ゴジラ』（1956）、『蜘蛛巣城』（1957）、『隠し砦の三悪人』（1958）、『影武者』（1980）、『乱』（1985）および『八十日間世界一周』（1956）、『007は二度死ぬ』（1967）、『007私が愛したスパイ』（1977）、『ブラック・レイン』（1989）の、黒澤明作品4作品をはじめとする9作品だけであった。

次頁の図表8-5は、日本を舞台にした主な外国映画である。数は決して少なくない。その歴史は古く、大正期、早川雪洲主演のアメリカ映画『火の海（神々の怒り）』（1914）がある。鹿児島県の桜島が舞台になっていた。

その後もアメリカ映画が多く、日本は映画の舞台、ロケ地としての魅力があるとも考えられる。ほとんどは東京と思われる都市が舞台になっている。『ロスト・イン・トランスレーション』（2003）には、インバウンドの観光スポットとなった渋谷スクランブル交差点が登場し、海外に知らしめるきっかけとなったと言われる。

同交差点は『ワイルド・スピードX3 TOKYO DRIFT』（2006）、『バベル』（2006）、『バイオハザードⅣ』（2010）にも登場している。東京以外では、『ベスト・キッド2』（1986）は沖縄、『ブラック・レイン』（1989）は大阪、『ハンテッド』（1995）は名古屋、『ラストサムライ』（2003）

図表8-5　日本を舞台にした外国映画

公開年	邦題	制作国	監督	主な出演者	舞台
【ヨーロッパ・北米・南米】					
1986	ベスト・キッド2	アメリカ	ジョン・G・アヴィルドセン	ラルフ・マッチオ、ノリユキ・パット・モリタ	沖縄
1987	TOKYO-POP	アメリカ	フラン・ルーベル・クズイ	キャリー・ハミルトン、田所豊、小林宏史	東京
1989	悪魔の毒々モンスター 東京へ行く	アメリカ	マイケル・ハーツ、ロイド・カウフマン	桂木麻也子、安岡力也、関根勤	東京
1989	ブラック・レイン	アメリカ	リドリー・スコット	マイケル・ダグラス、高倉健、松田優作	大阪
1992	ミスター・ベースボール	アメリカ	フレッド・スケピシ	トム・セレック、デニス・ヘイスバート、高倉健	名古屋
1995	ハンテッド	アメリカ	J・F・ロートン	クリストファー・ランバート、原田芳雄、島田陽子	名古屋
1997	コンタクト	アメリカ	ロバート・ゼメキス	ジョディ・フォスター、マシュー・マコノヒー	北海道
2003	ロスト・イン・トランスレーション	アメリカ	ソフィア・コッポラ	ビル・マーレイ、スカーレット・ヨハンソン	東京・京都
2003	キル・ビル Vol.1	アメリカ	クエンティン・タランティーノ	ユマ・サーマン、ルーシー・リュー、千葉真一	沖縄・東京
2003	ラスト サムライ	アメリカ	エドワード・ズウィック	トム・クルーズ、渡辺謙、小雪	日本(明治維新直後)
2004	THE JUON/呪怨	アメリカ	清水崇	サラ・ミシェル・ゲラー、ビル・プルマン、石橋凌	東京
2005	イントゥ・ザ・サン	アメリカ	ミンク	スティーブン・セガール、大沢たかお	東京
2005	SAYURI	アメリカ	ロブ・マーシャル	チャン・ツィイー、渡辺謙、ミシェール・ヨー	京都
2006	ワイルドスピードX3 TOKYO DRIFT	アメリカ	ジャスティン・リン	ルーカス・ブラック、バウ・ワウ、千葉真一	東京
2006	呪怨 パンデミック	アメリカ	清水崇	アンバー・タンブリン、アリエル・ケベル、宇野実彩子	東京
2006	バベル	アメリカ	アレハンドロ・ゴンサレス・イニャリトゥ	ブラッド・ピット・ケイト・ブランシェット・菊地凛子	東京
2006	硫黄島からの手紙	アメリカ	クリント・イーストウッド	渡辺謙、二宮和也、中村獅童	硫黄島(太平洋戦争時)
2008	ジャンパー	アメリカ	ダグ・リーマン	ヘイデン・クリステンセン、サミュエル・L・ジャクソン	東京
2008	シャッター	アメリカ	落合正幸	ジョシュア・ジャクソン、レイチェル・テイラー、奥菜恵	東京
2008	ラーメンガール	アメリカ	ロバート・アラン・アッカーマン	ブリタニー・マーフィ、西田敏行	東京
2010	インセプション	アメリカ	クリストファー・ノーラン	レオナルド・ディカプリオ、渡辺謙	東京
2010	バイオハザードIV アフターライフ	アメリカ	ポール・W・S・アンダーソン	ミラ・ジョヴォヴィッチ、中島美嘉	渋谷
2012	終戦のエンペラー	アメリカ	ピーター・ウェーバー	マシュー・フォックス、トミー・リー・ジョーンズ、西田敏行	東京(終戦直後)
2013	G.I.ジョー バック2リベンジ	アメリカ	ジョン・チュウ	チャニング・テイタム、ブルース・ウィリス	東京
2013	パシフィック・リム	アメリカ	ギレルモ・デル・トロ	チャーリー・ハナム、菊地凛子	東京
2013	ウルヴァリン: SAMURAI	アメリカ	ジェームズ・マンゴールド	ヒュー・ジャックマン、真田広之、ハル・ヤマノウチ	東京・長崎
2013	47RONIN	アメリカ	カール・リンシュ	キアヌ・リーブス、真田広之、浅野忠信	日本(忠臣蔵)
2014	GODZILLA ゴジラ	アメリカ	ギャレス・エドワーズ	アーロン・テイラー=ジョンソン、渡辺謙	東京
2015	追憶の森	アメリカ	ガス・ヴァン・サント	渡辺謙、マシュー・マコノヒー	青木ヶ原樹海
2016	沈黙 -サイレンス-	アメリカ	マーティン・スコセッシ	アンドリュー・ガーフィールド、窪塚洋介、浅野忠信	長崎(江戸時代)

公開年	邦題	制作国	監督	主な出演者	舞台
【ヨーロッパ・北米・南米】					
1967	007は二度死ぬ	英米	ルイス・ギルバート	ショーン・コネリー、浜美枝、丹波哲郎、若林映子	東京・九州・姫路
1998	TOKYO EYES	仏日	ジャン＝ピエール・リモザン	武田真治、吉川ひなの、杉本哲太、水島かおり	東京
2001	WASABI	仏	リュック・ベッソン	ジャン・レノ、広末涼子、ヨシ笈田	東京
2003	畏れ慄いて	仏	アラン・コルノー	シルヴィー・テステュー、辻かおり、諏訪太朗	東京
2008	TOKYO!	仏独韓日	ミシェル・ゴンドリー他	藤谷文子、ドゥニ・ラヴァン、香川照之	東京
2012	ライク・サムワン・イン・ラブ	仏日	アッバス・キアロスタミ	奥野匡、高梨臨、加瀬亮、でんでん	東京・神奈川
2008	HANAMI	独	ドーリス・デリエ	エルマー・ウェッパー、入月絢	東京・山梨
1985	東京画	独米	ヴィム・ヴェンダーズ	笠智衆、ヴェルナー・ヘルツォーク、厚田雄春	東京・鎌倉
2005	太陽	露伊仏スイス	アレクサンドル・ソクーロフ	イッセー尾形、ロバート・ドーソン、佐野史郎	東京（終戦直前）
2016	KOKORO	ベルギー仏加	ヴァンニャ・ダルカンタラ	イザベル・カレ、國村隼、安藤政信、門脇麦	隠岐（島根）
2005	KAMATAKI -窯焚-	加日	クロード・ガニオン	マット・スマイリー、藤竜也、吉行和子	滋賀
2007	シルク	加仏伊英日	フランソワ・ジラール	マイケル・ピット、役所広司、芦名星	長野
2004	GAIJIN 2	ブラジル	山崎チヅカ	タムリン・トミタ	神戸
【アジア】					
2008	非誠勿擾	中国	フォン・シャオガン	グォ・ヨウ、スー・チー、宇崎逸聡	北海道
2017	マンハント	中国	ジョン・ウー	チャン・ハンユー、福山雅治、國村隼	大阪・奈良
2017	軍艦島	韓国	リュ・スンワン	ファン・ジョンミン、ソ・ジソブ	軍艦島（長崎）
2019	福岡	韓国	チャン・リュル	クォン・ヘヒョ、ユン・ジェムン、パク・ソダム	福岡
1980	ブルース・リー／死亡の塔	香港	ウー・シーユェン	タン・ロン、ブルース・リー	東京
1985	香港発活劇エクスプレス　大福星	香港	サモ・ハン・キンポー	ジャッキー・チェン、西脇美智子	東京・山梨
2000	東京攻略	香港	ジングル・マ	トニー・レオン、仲村トオル、阿部寛	東京
2017	私を月に連れてって	台湾	シェ・チュンイー	ビビアン・ソン、リウ・イーハオ、ヤオ・アイニン	東京
2001	絵の裏	タイ	チュート・ソンシー	カラー・ポラシット、ティラテート・ウォンプアパン	東京・鎌倉
2008	チョコレート・ファイター	タイ	プラッチャヤー・ピンゲーオ	ジージャー・ヤーニン、阿部寛	福岡
2013	ハシマ・プロジェクト	タイ	ピヤパン・シューペット	マイク・ピラット、ニティパイサーングン、西野翔	軍艦島（長崎）
2013	タイムライン	タイ	ノンスィー・ニミブット	チラーユ・タンシースック、チラーユ・タンシースック	佐賀
2014	すご～い快感	タイ	タンワーリン・スカピシット	サーイパーン・アピンヤー、越中睦士	東京・茨城
1966	ラブ・イン・トーキョー	インド	プラモド・チャクラヴォルティ	ジョイ・ムケルジー、アシャ・パレク、メームード	東京・広島
2006	Love in Japan	インド	アクラーム・シャイク	ラージパル・ヤーダウ、モーシン・カーン、メグミ	東京
2013	Work like fire Kumaru	インド	スンドラ・シー	シッダルタ、ハンシカ	富山

出典：キネマ旬報映画データベース、映画.com、Filmarks映画、各映画公式サイトなどのデータより筆者作成

は姫路、『ＳＡＹＵＲＩ』（２００５）は京都、『沈黙 ── サイレンス』は長崎と特筆される。しかし、『ベスト・キッド2』のロケ地は、ロサンゼルスやフィリピン、『ラストサムライ』の戦闘シーンはニュージーランド、『ＳＡＹＵＲＩ』の撮影もロサンゼルス、『沈黙 ── サイレンス』のほとんどのシーンは台湾での撮影であった。

英米合作映画『００７は二度死ぬ』の日本ロケはインパクトが強く、世界に日本が紹介された映画であった。「００７」と言えば、香川県直島などが舞台となった『赤い刺青の男』の映画化とロケ誘致活動が舞台の地元で盛り上がり期待されたが、結局映画化はされずロケ誘致のむずかしさを示した事例になった。

図表掲載のフランス、ドイツ、カナダ、ベルギー、ブラジルの作品は、日本においては知られていないが、それぞれの国で日本のイメージを形成した作品である。

アジア各国・地域も、日本を舞台にした作品がある。特にタイは数も多く、近年のインバウンド・シネマツーリズムの成功事例を作った。佐賀県が舞台となったタイ映画『タイムライン』（２０１３）である。唐津くんち、呼子朝市、虹の松原、唐津城、祐徳稲荷神社、大川内山など佐賀県内がロケ地となり、特に祐徳稲荷神社はタイ人旅行者の聖地となった。

これは佐賀県観光課とフィルムコミッションのプロモーション効果によるものである。タイでの上映後、佐賀県の外国人延べ宿泊者数、２０１３年の約5・6万人が、２０１６年約25・0万人と3年で4・5倍に増加した。タイからは３７０人が５８３０人と16倍に増加した（佐賀県観光客動態調査・佐賀県）。

タイ映画『ハシマ・プロジェクト』(2013)もインバウンドで話題になった。長崎県長崎市端島(軍艦島)を舞台にしたタイのホラー映画である。タイ人にとっては世界遺産観光ではなく、シネマツーリズムとしての訪問であった。日本では、外国映画のロケ撮影が行われにくいと言われている。その理由として「許認可手続きの煩雑さ」「国としての窓口の一元化ができていない」「海外の会社と契約書を結んでパートナーになれる会社が少ない」などの課題[5]が挙げられている。

政府は、2017年「知的財産推進計画2017」として、外国作品のロケ誘致の強化を挙げている。外国映画のロケを地方を元気にし、日本の魅力を海外に発信する切り札と位置づけている。つまり、外国映画のロケを誘致することで、地域経済や国内産業の活性化が見込まれ、日本の魅力を世界に対し発信する「クールジャパン戦略」への大きな効果もあるとみている。

ロケを行うと、キャスト・スタッフの滞在費や飲食費、さらにはセット建て込み費用などで、ロケ地に経済効果をもたらす。さらに、撮影後もインバウンドのシネマツーリズムが期待できる。このように外国映画のロケ誘致には多くのメリットがあり、各国も競って誘致を行っている。制作費の補助制度がある国が多い。ドイツや韓国、ニュージーランドは制作費の15〜25%を助成している、イギリスやカナダなどは税額控除で優遇している。日本の今後の積極的な対応に期待したい。

内外の映画ロケ地が誘客となり「未来の歴史遺産」へ

①の日本や映画を日本人が鑑賞し、日本国内の舞台・ロケ地を訪ねる旅【日本映画による日本人の国内・シネマツーリズム】は、国内ロケ地の魅力ある風景や生活感、俳優たちの演技、共感を呼ぶス

トーリーによってヒット作が生まれれば、自然発生的に、また、自治体やフィルムコミッションなどの活動を背景に事前の企画の成果として、これからも絶えることなく続いていく。

⑥の外国映画を日本人が鑑賞し、海外の舞台・ロケ地を訪ねる旅【外国映画による日本人のアウトバウンド・シネマツーリズム】は、日本ではコントロールできないものの、広い世界の中で繰り広げられる多様な舞台・ロケ地が日本人の心を掴み、海外の旅へと誘うはずである。そのためには、ハリウッド映画ばかりでなく世界の多くの国から良質な映画を輸入し、上映されることが望まれる。

②の日本映画を日本人が鑑賞し、海外の舞台・ロケ地を訪ねる旅【日本映画による日本人のアウトバウンド・シネマツーリズム】は、現在の日本の映画製作システムではハードルは高いが、日本人のアウトバウンドのバリエーションを拡大する意味からも、新しいデスティネーションの開発を意識して、映画製作に取り組んでもらえるとうれしい。今日、100万人をはるかに超える数多くの日本人が世界各地で、さまざまな生活を営んでいる。彼らの姿は、映画のテーマになりうる。

③の日本映画を、外国人が鑑賞し、日本国内の舞台・ロケ地を訪ねる旅【日本映画による外国人のインバウンド・シネマツーリズム】は、とにもかくにも日本映画の海外展開が最大の課題である。アニメーション映画は、その壁をブレークスルーした。実写映画で日本の各地、さまざまな日本人を描き、多くの外国人に日本へ行きたいという興味を高揚させたい。

⑦の外国映画を、外国人が鑑賞し、国内の舞台・ロケ地を訪ねる旅【外国映画による外国人のインバウンド・シネマツーリズム】は、すでに「クールジャパン戦略」のもと、官民で取り組みがはじまっているが、さまざまな国からのロケ地誘致の積極的な対応がテーマである。ハリウッド映画や近隣の

東アジア、東南アジアだけでなく、ヨーロッパやその他新興国も含めて、アプローチしていく必要がある。１００回の日本誘致宣伝よりも効果が期待できる。国内でノウハウを蓄積してきたフィルムコミッションの出番でもある。

いずれのシネマツーリズムにしても、それを一過性のもので終わらせず、日本自体や地域の新たなイメージづくり、そして新たな価値を創造していくには、多くのしかけと、官民さらに地域住民、映画ファンを巻き込んでの時間をかけた取り組みが不可欠であろう。

内外の映画ロケ地が、「未来の歴史遺産」となる可能性は決して小さくない。短期的に大量に誘客する観光資源としてとらえるだけではなく、映画の物語が日本や地域、日本人のイメージを醸成し、それぞれのロケ地の住民らが新しい地域の魅力や価値を創造していくことができれば、誘客の源泉となり、感動の源泉となる持続的な観光資源になる可能性はある。

シネマツーリズムが日本人のアウトバウンド、インバウンドの拡大につながることを切に願っている。スクリーンに映し出されるその地にすぐにでも旅してみたいと思うような質の高いヒット映画が、途切れることなく生み出されることを期待したい。

09

コンテンツの魅力を伝える

聖地巡礼への扉を開く古典的名著

推理小説『シャーロック・ホームズ』と「江戸川乱歩」の功績

シャーロック・ホームズ――「時空を共有する聖地巡礼の楽しみ」

あの部屋の中に座り、そこの雰囲気がぼくにインスピレーションを与えてくれるかどうか確かめてみるつもりだ。ぼくは「土地の霊(ゲニウス・ロキ)」というものの存在を信じているのでね。

――シャーロック・ホームズ

虚構を現実化し、現実を虚構化すること――いわゆる「聖地巡礼」の楽しみが、「私」というメディアを通して虚実の境を撤廃し、虚構の存在と同一の時空を共有することにあるのだとすれば、いわゆるシャーロキアンたちは、そうした実践をすでに一世紀近く積み重ねてきた。

シャーロキアンとは、広義には「アーサー・コナン・ドイルが創造した架空の探偵であるシャーロック・ホームズの熱狂的ファン」を意味する。しかし、狭義には「シャーロック・ホームズと、その伝記作者であるジョン・H・ワトスンは実在人物であり、アーサー・コナン・ドイルはホームズ譚の作者ではなく、ワトスンの著作権代理人である」との架空前提に立って、ホームズ譚の読解などを行う人々を指す。

マティアス・ボーストレム『〈ホームズ〉から〈シャーロック〉へ――偶像を作り出した人々の物語』は、コナン・ドイルがひょんなことから生み出したこのキャラクターがたちまち一人歩きをはじめ、多くの人々が巻き込まれるに至った過程を辿り直した労作である。当然にも「シャーロキアン」なる珍妙な人種が発生し、原作者の遺族たちと幾多の軋轢を経ながら、世界中でその勢力を拡大していった経緯も、くわしく紹介されている。

興味深いことに、シャーロキアンがいまだほとんど登場していなかった段階で、『探偵小説十戒』で知られる神学者ロナルド・A・ノックスによる聖書研究のパロディ(1911年初出、ノックス1988、2011)として、実際には存在していない先行研究の批評という形で、まず、シャーロッキアーナ(シャーロック学)がはじまっている。

ホームズが実在する世界を前提にした単純な二次創作――いわゆるパロディやパスティッシュであって、初期のホームズ短編シリーズが発表されていた1892年に早くも確認されている――から一歩進んで、それを成り立たせている架空前提そのものを組上《そじょう》に載せるメタフィクション(フィクションがそれ自身に関する物語となっていること)的な二次創作がシャーロキアンの「起源」とされている事実の重要性は、改めて強調しておかなければならない。シャーロキアンは、実際に存在しはじめる以前に、フィクションによって先取りされていたのだ。

ホームズの下宿、ベイカー街221Bの謎

シャーロキアンたちは、それを言わば、後から追いかけるようにして自らを実体化させていったのであり、当初はお互いの存在を知らずに孤立して営まれていた彼らの活動が結晶化するに当たって、核のひとつとなったのが「聖地巡礼」であった。より正確に言えば、聖地の巡礼に先立つ「開拓」

――シャーロキアンにとって聖地中の聖地とでも言うべきホームズの下宿先はどこか、という問題だったのである。

ホームズの下宿の住所は、「ロンドンのベイカー街２２１Ｂ」と作中に明記されている。ならばそのどこに問題があるのか、と思われるかもしれない。実は、ホームズが活躍していたと想定される時期のベイカー街に、２２１番地は存在していなかった。

現在のベイカー街に、２２１番地に相当する住所があるのは、コナン・ドイル死後の１９３０年代にこの通りが拡張された結果にすぎない。つまり、「ベイカー街２２１Ｂ」を単なる架空の住所と見なすのであれば話は終わりだが、そうでなければ、それが実際にはどこだったのか、という問題が起こってくるわけだ。

その際に手がかりを提供した作品が「空き屋の冒険」だった事実は、決して偶然ではない。この作品は、ホームズ人気の高まりに手を焼いたコナン・ドイルが「最後の事件」において、いったんはホームズを葬り去ったものの、結局は読者の声に押されて復活させた物語であって、すでに書かれた自作を再解釈し、辻褄《つじつま》の合った説明を考え出したという意味で、それ自体二次創作的な作品にほかならない。事実としてロンドンに帰還したホームズが、自身に対する暗殺の現場を押さえる話だった。つまり、まさしくベイカー街２２１Ｂ――そこには、暗殺者に狙わせる標的用に、探偵にそっくりな蝋人形が設置されている――を前にして、ホームズおよびワトスンとともに読者が外側から、その蝋人形を注視する場面がクライマックスになっている。そして、それに先立ち、ベイカー街２２１Ｂの向かい側に位置する空き屋（カムデン・ハウス）にアクセスするまでの過程が詳細に描かれる。

この記述に初めて着目し、1920年代の末に実地検証を行ったアメリカ人グレイ・チャンドラー・ブリッグズは、ヨーク・プレイス111番地に辿り着く。そしてその向かいにカムデン・ハウス学校が実際に存在し、しかもヨークプレイスの問題の建物は、作中の記述の通りにドアの上に明かり取りの窓があるのを発見する。

前述の『〈ホームズ〉から〈シャーロック〉へ』には、現実と虚構が幻惑的に一致するこの瞬間が臨場感たっぷりに描かれている。ブリッグズは、この「発見」によって最晩年のコナン・ドイルを驚愕させただけではなく(彼は自分の記述が現実と一致しようとは思ってもみなかったのだ)、初期のシャーロキアンを代表するヴィンセント・スターレットを心から感嘆させた。

ブリッグズ説がその後、激しい疑義にさらされ、現在では競合する複数の説の中でも、とりわけ説得力がない部類に分類されているとしても、それはこの際、どうでもいいことだ。重要なのは、ブリッグズが、虚実を短絡させた推理という二次創作を通じてひとつの可能世界を創造したうえで、部分的であれ、それが現実とも一致するのを現場に赴いて確認したことなのである。

18世紀フランスの哲学者ヴォルテールの小説『ザディーグ』(1748)における主人公の推理に即して、イタリアの記号論者・小説家ウンベルト・エーコが定式化したように、帰納法でも演繹法でもないアブダクション――ある結果を見て、その原因を直感的・飛躍的に推測すること――を通して、「彼が組み立てたテクスト(言葉によって、編まれたもの)として可能な世界」(エーコ 1990)を思念のうちに創造し、それが他者にとっての現実の世界と同じであるとする「メタ・アブダクション」を行い、この「きわめて無謀な賭け」(エーコ 1990)に勝つことで、思念を現実化する。こうした虚実混同こそがシャーロック・ホームズの推理なのであって、それゆえ、ブリッグズはホームズ譚にホームズ自身の方法を適用し、その正しさを証明する。すなわち、ホームズは実在することを証明したのである。

二次創作というアブダクション（起こった現象を最もうまく説明できる仮説を形成するための推論法）が、メタ・アブダクションに基づく聖地巡礼によって現実化したのだとも言える。ヴィンセント・スターレットが感嘆したのも無理はない。彼がブリッグズとその「発見」を共有し、「私たちの時代にこれ以上、みごとな指摘はなかった」（ディヴィース１９８８）と認めたとき、シャーロキアンが真の意味で誕生したのだと言えるのではないか。

シャーロック・ホームズ――「二次創作の観点」から見る「聖地巡礼」

読者によるホームズのこうした現実化は、作者コナン・ドイルの存在を不要とする。犯罪事件という作品の一読者でありながら、犯人を作者の立場から追放して、自らが提示する、より魅力的な二次創作の一登場人物に降格させるホームズ本人が、シャーロキアンに範を示している。のみならずホームズに対して、「ホームズの方法を適用しよう」とし、ものの見事に失敗する語り手ワトスンが、「ホームズのように振る舞う欲望を喚起するしかけ」として効果的に機能していること。こうした構図そのものが、作者も自作の読者にすぎない近代文学の基本的なあり方をメタフィクション化した結果であること。それらの点については、すでに別の場所で詳述した（石橋２０１７、２０１９）。

ここでは、その内容を簡単に振り返って整理するとともに、一見きわめて特殊とも思えるシャーロキアンたちの実践が、「近代文学の受容一般」の中でいかなる位置を占めていると考えればよいのか、という問いへのひとつの解答案を提示したいと思う。

シャーロック・ホームズが近代文学のあり方をメタフィクション化しているとは、小説を中心とする近代文学における作者が、自らの創造した作品世界を神のように支配してはおらず、彼もまた、いかに特権的であれ、自作の一読者にすぎない点で一般読者となんら変わらないという状況を指している。

つまり読者がなんらかの二次創作を通して、作者より作品をよりよく理解する道も開かれているというわけである。作者は執筆しつつある作品を隅々まで記憶できるはずもない以上、決してすべての要素をコントロールできず、自作を常に読み返す必要がある。その過程で、自分よりも作品を理解していると想定される「モデル作者」(エーコ 1979)が浮上する。

つまり、生成途上とは言え、作品という結果から、「モデル作者」という原因に遡る二次創作(アブダクション)を作者は行っている。その限りで、読者が作者に対して二次的な作者であるのはもちろん、作者自身もこの「モデル作者」に対する二次的存在として位置づけられる(次頁の図表9-1)。

こうした作品の制作と受容のとらえ方は、絵画作品をモデルにする方がわかりやすく、歴史家カルロ・ギンズブルグ(1988)のように、ホームズの推理を同時代のモレッリによる真贋鑑定法とのアナロジーで論じたり、それ以前に、ホームズ自身がしばしば自らを絵画の鑑定家にたとえたりするのはそのためだろう(『緋色の研究』など)。

すなわち、画家は、無意識の癖という、本人にも再現できない細部によって自作を模倣不可能とし、かくて、どのように模倣すればいいのか、どのようにしてその美が創り出されたのかわからないという謎が作品の価値を生成する。

絵画という結果から、それを生み出した原因に遡行するアブダクションでは、この謎に対する決定的な解答に辿り着けないため、提案された解答は常に乗り越えられる可能性があるという意味で、作品は作者を交換し続けることになる。

作品世界から解放されたキャラクター力

ホームズ譚は、この図式を作中に取り込んでいる(図表9-2)。本来であれば、犯罪という作品に対してホームズが提示する解答も暫定的でしかなく、ほかの誰かによって、次々と乗り越えられていく可能性があるはずだ。ところが、シャーロック・ホームズはこの連鎖をいきなり裁ち切り、事件の真相を見抜くという結果に至った過

図表9-1　近代文学の創作と受容の構造

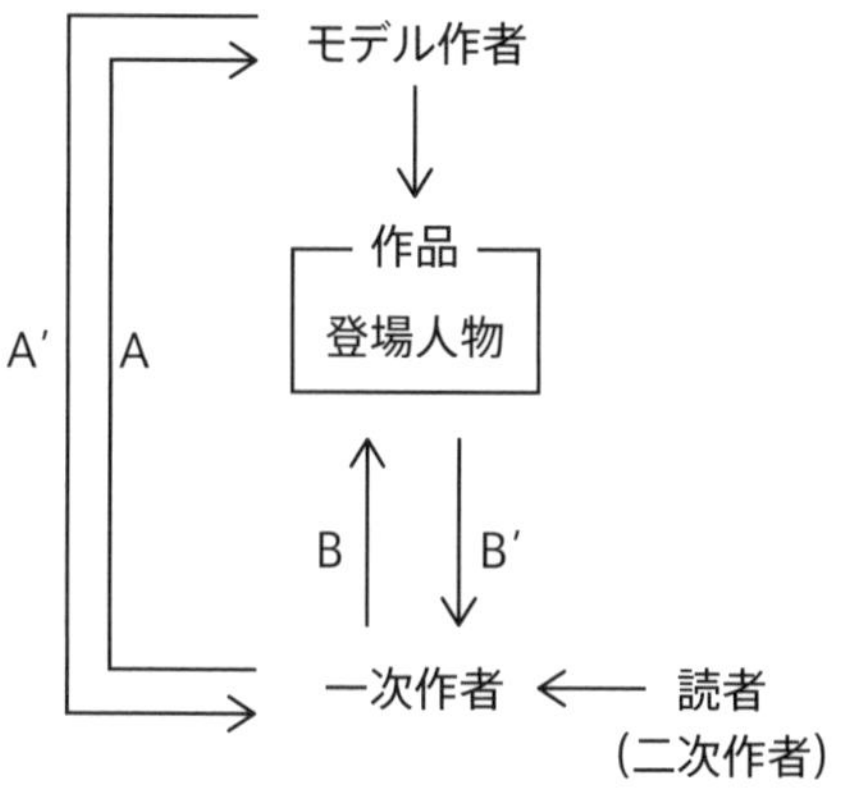

程（アブダクションの核心をなす直感的飛躍）を謎とすることで、自身が作者を交換する作品になってしまう。

こうして、ベイカー街221Bの候補地をめぐって新説を唱える者が続出したように、コナン・ドイルを飛び越えて、「より優れたワトスン」志願者が大量発生し、次々に入れ替わっていく彼らのおかげで、シャーロック・ホームズは永遠に生き続けるだろう。作者の手を逃れ、作品世界からも自由になるキャラクターとは、まさにファンの生き血を啜《すす》る吸血鬼のごとき存在なのである。

近代文学の制作と受容の全般が二次創作だとして、以上のようなシャーロキアン的受容はそのどこに位置づけられることになるのか。

従来の文学研究は、もっぱら作家の伝記的研究とテクスト論という両極の間を推移していたように思われる。そうした観点から見れば、虚実を積極的に混同し、学問のパロディたらんとするシャーロキアンの活動は、そもそもまともに相手取るに値しない存在にすぎなかった。しかし、生身の作家の伝記に作品を解消しようと、作家

図表9-2　ホームズ物語とその受容の構造

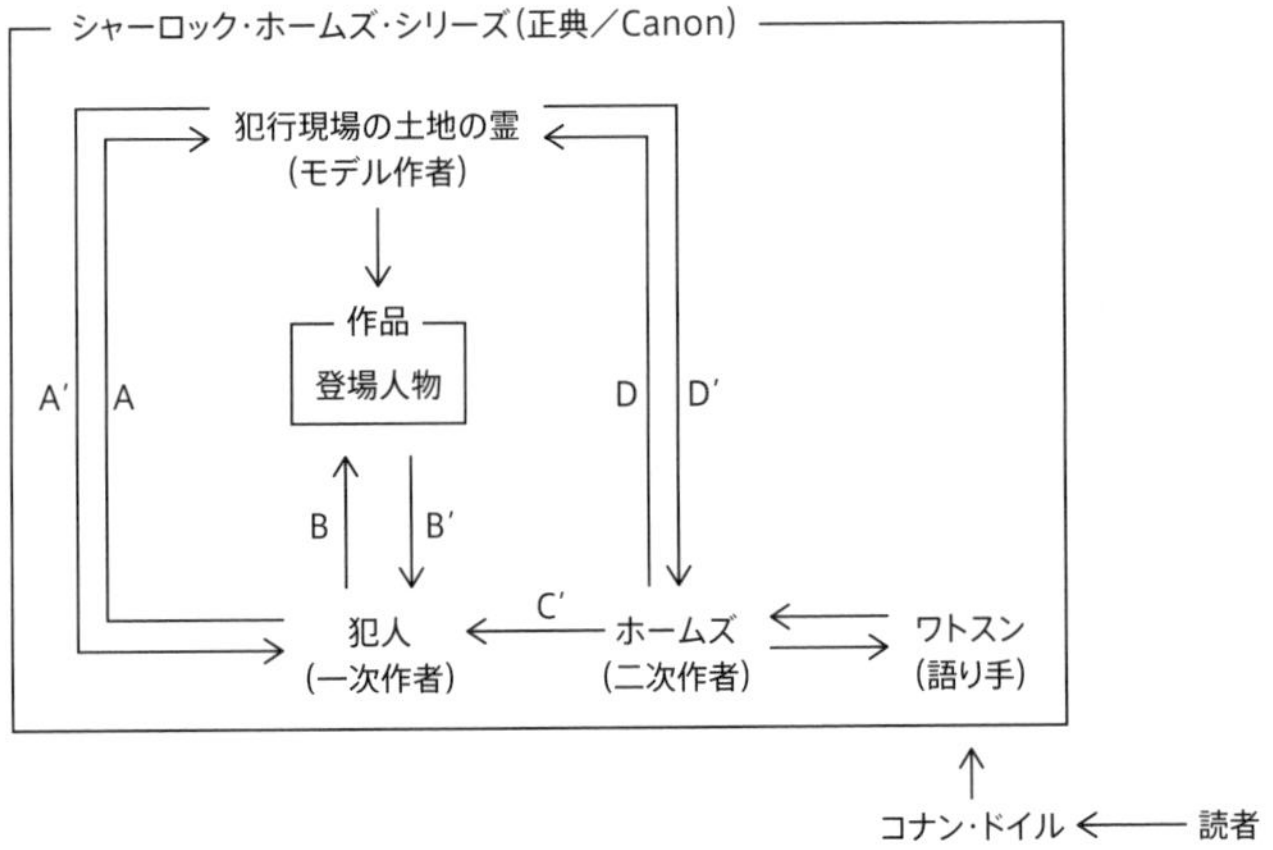

を括弧に入れてテクストにだけ向かい合おうと、いずれも二次創作の一種であると考えれば、シャーロキアーナと対等である。そして、舞台や執筆の場所といった土地との関係に注目して以上の三者(伝記的研究、テクスト論、シャーロキアーナ)をとらえ直し、シャーロキアン的受容を聖地巡礼的受容と言い換えるならば、現実の土地との関係が希薄なテクスト論に対し、伝記的研究は文学散歩的受容となるだろう。

このとき、これら三者が対立し合う頂点をなす三角形として、近代文学の生産と受容を総体的にとらえることが可能になる(図表9-3)。

従来の文学研究は、なぜシャーロキアン的な受容を軽視してきたのか。それはもちろん、コナン・ドイルのように「モデル作者」として振る舞うことに失敗する書き手を大衆文学の作家に分類し、いわゆる大作家——無意識の癖をあたかも、最初から意図していたかのように振る舞える画家に似た書き手——を中心に扱ってきたからである。

この場合の「モデル作者」は、生身の作者のイメージが投影されているか(文学散歩)、テクストを支配し、作者の主体をも

図表9-3　近代文学受容の３パターン

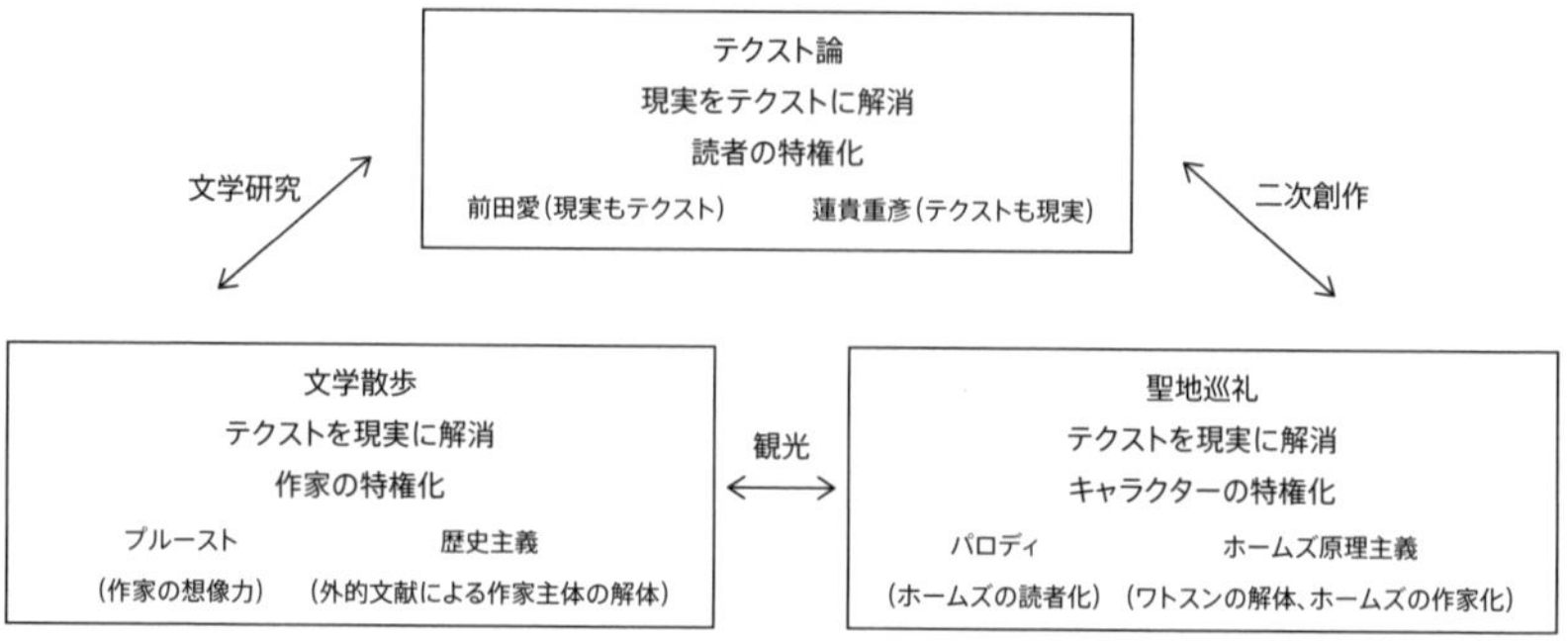

解体する非人称的な力がイメージされているか(テクスト論)のいずれかとなるだろう。

仮に前者(文学散歩)であっても、小説家マルセル・プルーストのように、作家の想像力の自立性(作者が作品に働きかける図表9-1の矢印B)を重視し、書きつつある主体を日常的な自我とは異なる「第二の自我」と呼ぶ場合は、テクスト論に近づくであろうし、むしろ同時代の社会や歴史などの外的文脈によってすべてを説明しようとすれば(作品に外部から働きかけてくる力に作家が呼応しようとする図表9-1の矢印A)、聖地巡礼に近づく。テクスト論もまた、前田愛(1986)のように、現実もテクストの一種ととらえ、作品というテクストとの「間テクスト性」(作品内で複数のテクストが相互に自律的に関与し合う力学を示す図表9-1の矢印B')に重点を置けば文学散歩寄りになり、キャラクターという発想を徹底してしりぞける蓮實重彦(2014)のように(フロベール『ボヴァリー夫人』には「エンマ・ボヴァリー」は登場しない)、テクストそのものを苛酷な現実ととらえれば(「モデル作者」の非人称的な作用を示す図表9-1の矢印A')、聖地巡礼と「逆接」する(石橋 2016参照)。

では、聖地巡礼的受容において、「モデル作者」はどのようにイメージされているのか、それを一言で言えば、図表9-2に示した通り、古代ローマ由来の概念である「地霊(ゲニウス・ロキ)」になるのではないか。シャーロック・ホームズは自身の推理について、それが「犯人」の立場に身を置いて考えるやり方であると繰り返し述べる一方で、「土地の霊」の信奉者を自称する(トゥルッツィ 1990)。「あの部屋の中に座り、そこの雰囲気がぼくにインスピレーションを与えてくれるかどうか確かめてみるつもりだ。ぼくは「土地の霊」というものの存在を信じているのでね」(ドイル 2001)。ホームズは、一次作者である「犯人」に先行する0次作者として「土地の霊」を位置づけ、それとの一体化によって二次創作（アブダクション）を行っているのだと言える。

ちなみに、シャーロキアンも、いわゆる「正典（ホームズ譚）」原理主義者と過激なパロディ論者に大きく二分できるが、前者がホームズを「土地の霊」と見なす立場（図表9-2の矢印Dを重視する立場）であるのに対し、後者はホームズを単なる一読者の身分に還元しようとする立場（図表9-2の矢印Cを重視する立場）であると言える。

ホームズ譚の傑作のひとつである「青いガーネット」を「青いザクロ石の冒険」として新訳した柴田元幸（2020）は、「ホームズの口調をきちんと訳さないと、ほとんどパロディのようになってしまう。〔省略〕。ホームズのすごく緻密な論理に聞こえる言葉の陰には、いつもパロディが隠れている」と述べているように、このふたつの力のせめぎあいは、原作に内在しているものだった。これらに加え、たとえば、『文豪とアルケミスト』に代表される近年流行りの作家の美少年キャラ化は、文学散歩の歴史主義的方向性と聖地巡礼のパロディ的な方向性の中間に位置づけられるだろう。

江戸川乱歩——優れた書き手にして、優れた読者

ホームズ譚とその受容のあり方をモデルに原論的考察を行ってきた。これを具体的な事例に、当てはめるとどうなるか。

ここで私たちが取り上げたいと思っているのは、日本の推理小説ジャンルを代表する書き手のひと

りたる江戸川乱歩（1894〜1965）であり、彼の作品における特権的な重要性が広く認められている浅草という舞台である。

なぜ乱歩であり、浅草なのか。ホームズ譚は、1887〜1927年の期間に長短編合わせて60作が書かれ、コナン・ドイルは1930年にこの世を去った。エドガー・アラン・ポーにはじまる初期の推理小説が短編をもっぱらベースにしていた反面、両大戦間期に相当する「推理小説の黄金時代」の主流は長編であった。

乱歩はそのペンネームからも明らかな通り、「黄金時代」以前の初期推理小説の美学に深く根差していた。その意味で、最後のホームズ譚となった「ショスコム荘」が発表された1927年に、乱歩が創作に行き詰まりを感じていったん休筆し、1年の放浪生活に入ったのはまことに象徴的と言えるのではないか。

乱歩を自己嫌悪に陥らせた『一寸法師』（1927年）は浅草を主要な舞台としており、復活を告げる作品となった『陰獣』（1928年）『押絵と旅する男』（1929年）も同様であった。なかでも代表作とされる『押絵と旅する男』は、「テクスト（作者とは自立した「言葉の織物」として、とらえられた文学作品）の至福を生きている」（武田1993）と評されるように、自己完結性が極めて高く、多くの論者たちから愛されてきた作品である。

「論者たち」の中には、作者である乱歩本人が含まれており、「私にとっては、後になるほど味のよくなる作であった」（江戸川2006）という後年の述懐は、決まって引き合いに出される。優れた書き手である以上に優れた読者であり、自分の読みたい作品が日本ではまだ書かれていないがゆえに書くという姿勢を貫いた乱歩にとって、「後になるほど味のよくなる」とは、いつしか自分が作者であることを半ば忘れ、一読者になってしまったかのような錯覚が生じる事態を意味していたのではないか。

虚実混同行為をめぐる作品に取り組む中で

そうした錯覚が最高潮に達するような折々には、この作品が実話なのではないか、と思える刹那が去来していたに違いない。だとすれば、自作を前にした乱歩自身、シャーロキアン的な虚実混同への誘惑に身を任せていたわけで、そうした混同によって、押絵＝作品の中に入るという（この物語の核心に当たる）究極的な虚実混同の実現が欲望されているのだ。「押絵と旅する男」は、ホームズ譚の核心を高純度で作品化した結果なのである。

有名な作品なので、いまさら粗筋を紹介するまでもあるまい。しかし、本作は乱歩が先に述べた放浪の最中であった1927年3月から同年秋までの間に、蜃気楼《しんきろう》を見に魚津を訪れた経験を元にしているとされており、語り手「私」が蜃気楼を見たときの印象を語る導入部は、作家が実体験を小説化するいわゆる「私小説」を思わせて、架空の語り手と実在の乱歩を混同するように読者を誘っている。初めて見た蜃気楼の衝撃から醒めやらず、夢うつつの状態で上野行きの夜行列車に乗り込んだ「私」は、同じコンパートメントで奇怪な老人と向かい合うことになる。

老人は、「緋鹿《ひか》の子の振袖に黒繻子に帯のうつりのよい、17、8の水のたれるような結い綿の美少女が、なんとも言えない嬌態《きょうたい》を含んで、その老人〔「黒ビロードの古風な洋服を着た白髪の老人」〕の洋服の膝にしなだれかかっている、いわば芝居の濡れ場に類する画面」が毒々しい色遣いで描かれた押絵を「私」に見せ、その来歴を物語る。

今から「30年以上も昔の」「明治28年の4月の〔省略〕27日の夕方」のこと、しばらく前から様子がおかしくなっていた兄（当時は25歳）を尾行した老人は、兄が浅草の十二階（正式には凌雲閣《りょううんかく》と言い、1889年のパリ万博を記念して建てられたエッフェル塔を意識して翌年に建立、わずか60メートルながら、当時の東京では驚異的な高さを誇った）の上から望遠鏡で熱心に下界を覗いているところを目撃する。

1カ月前、同じように十二階から浅草寺境内を眺めていた兄は、人混みの中に「この世のものとも思えない、美しい人」を一瞬目にし、それからというもの、彼女のことが片時も忘れられなくなってしまい、毎日十二階に昇っては彼女を探すようになったのだった。

その日、念願叶ってついに娘を発見したものの、彼女は「八百屋お七の覗きからくり」用の「浮絵」中の押絵人形であった。兄は「遠眼鏡をさかさにして、大きなガラス玉の方を目に当てて、そこから私を見ておくれでないか」と、弟に頼む。レンズの視界のなかで小さくなった兄は、「ツーッと宙に浮いたかと見ると、アッと思う間に、闇の中へ溶け込んでしまった」。

怖くなった弟が慌てて眼鏡を目から離したときには、兄の姿はどこにも見当たらず、浮絵の中の「吉三の代りに、うれしそうな顔をして、お七を抱きしめていた」。ところが、お七と違って生身の兄はその後も歳を取り続け、苦悶の表情を深めていった……。

松山巖（1984）が指摘するように、この作品には、虚実を混同させる装置としての写真に収斂するモチーフが周到に反復されている。大気のレンズが空に映した映画のような蜃気楼にはじまり、兄が登る十二階からの眺望は、隧道《ずいどう》のような螺旋階段を上がった先に、突然、開ける景色を単純化して一望可能にし、現実以上の現実感をもたらしている点でパノラマとメカニズムを共有している。

さらに、そこから望遠鏡を介して下界に発見される覗きからくりは、遠近法を誇張した押絵をレンズ越しに覗かせて現実と錯覚させるしかけであるし、兄は、いわば自分を写真に撮らせて生身ごとフィルムに定着されるかのように、押絵に吸い込まれてしまう。

虚実を反転させる魔力がレンズに認められているのは、言うまでもなく、遠近および大小という対極を逆転させるレンズ本来の機能の延長上の話である。と同時に、休筆と放浪のきっかけとなった『一寸法師』に顕著に表れているように、虚を実と見せる数々のアトラクション(生き人形、覗きからくり、パノラマ館、十二階、映画館、写真館など)で賑わう浅草という土地そのものに、虚実に留まらず、観客と演者(安来節)、大人と子ども(一寸法師)、生物と無生物(人体模型や生き人形)、男と女、令嬢と小間使いなど、本来相容れない2項を混同させる力が付与されている。この力は、十二階を倒壊させた関東大震災によって弱められたにせよ、『一寸法師』(物語の年代は1918年頃と推定されているとは言え)や『人間豹』(1935年)を見る限り、震災後も依然として強力に脈打っていた。

コンテンツとしての『押絵と旅する男』という作品

押絵には関東大震災以前の浅草が、その当時の魔力ともどもまるごと封じ込まれている。それにもかかわらず、あるいはむしろそれゆえに、この作品は、浅草に対する聖地巡礼的な欲望を不思議なほど惹き起こさない。

言葉を換えれば、二次創作的な想像力を刺激する力に乏しい。そのことは、これまでに書かれた「押絵と旅する男」論の大半が従来の文学研究の枠内に留まり、作家論かテクスト論のいずれかでしかない事実ひとつ取っても明らかである。先に引用した論者(武田 1993)は、「見覚えのあるモチーフがまたしても呼び集められているだけであるにもかかわらず、それらが僥倖《ぎょうこう》とでも呼ぶべき1回限りの布置《ふち》をとることで、モチーフの鎖列を通過していく読者の眼前に、眩暈《めまい》にも似た清新な光景が立ち現れて来る」と述べているが、「私」の語りの中に「老人」の語りを填め込む二重構造によって、すでに述べたようなホームズ譚的な作品のあり方が作中に結晶する。つまり、作品の中に入りたいという欲望を誘発するよりも、その欲望のメカニズムそのものが作中に表現されているのだと言ってよい。

この作品を図解すれば、次頁の図表9-4のようになる。一見複雑とは言え、基本的には図表9-2のホームズ譚の構造をもう一段階囲い込んでいるにすぎない。わずかな例外を除き、ワトスン以外の者が語り手にならなかったホームズ譚との最大の違いは、この乱歩作品における語りを探偵役が一貫して担っている点にある(正確には、兄の語りは弟の間接話法に取り次がれているが)。

すなわち、同じ車室に乗り合わせた老人に注目する「私」がまず、はなはだ頼りない探偵役を務めたあと、その時点まではいわば「犯人」であった老人が、実は30年以上前の「探偵」であったことを明かす。

挙動不審な「犯人」として彼に尾行された兄もまた、事情が明らかになってみれば、謎の美しい娘を追う「探偵」であった。ところが、この「探偵」がついに到達した真相は、ほかならぬ彼自身が「犯人」であるというものだった――娘は押絵細工だったのであり、彼女に「生命」を与えていたのは彼の情熱だったのだから。「犯人」となった兄は、捜査の道具であった望遠鏡を逆にして弟に持たせ、自分を覗かせる。

かくして弟は無理矢理「探偵」に戻され、その結果として起きたと思われる事態――兄は消え、浮絵の中の吉三の押絵人形が兄そっくりになっていた――を推理する羽目になる。兄は望遠鏡の力で小さくなって浮絵の中に入った、とするその推理は、飛躍が大きすぎ、メタ・アブダクションを証明する現実との一致が確認されないだけで、ホームズ的なアブダクション（個別の事業を適切に説明する論理的な推論）と本質的には違わない。兄は、弟による二次

図表9-4　「押絵と旅する男」の物語構造

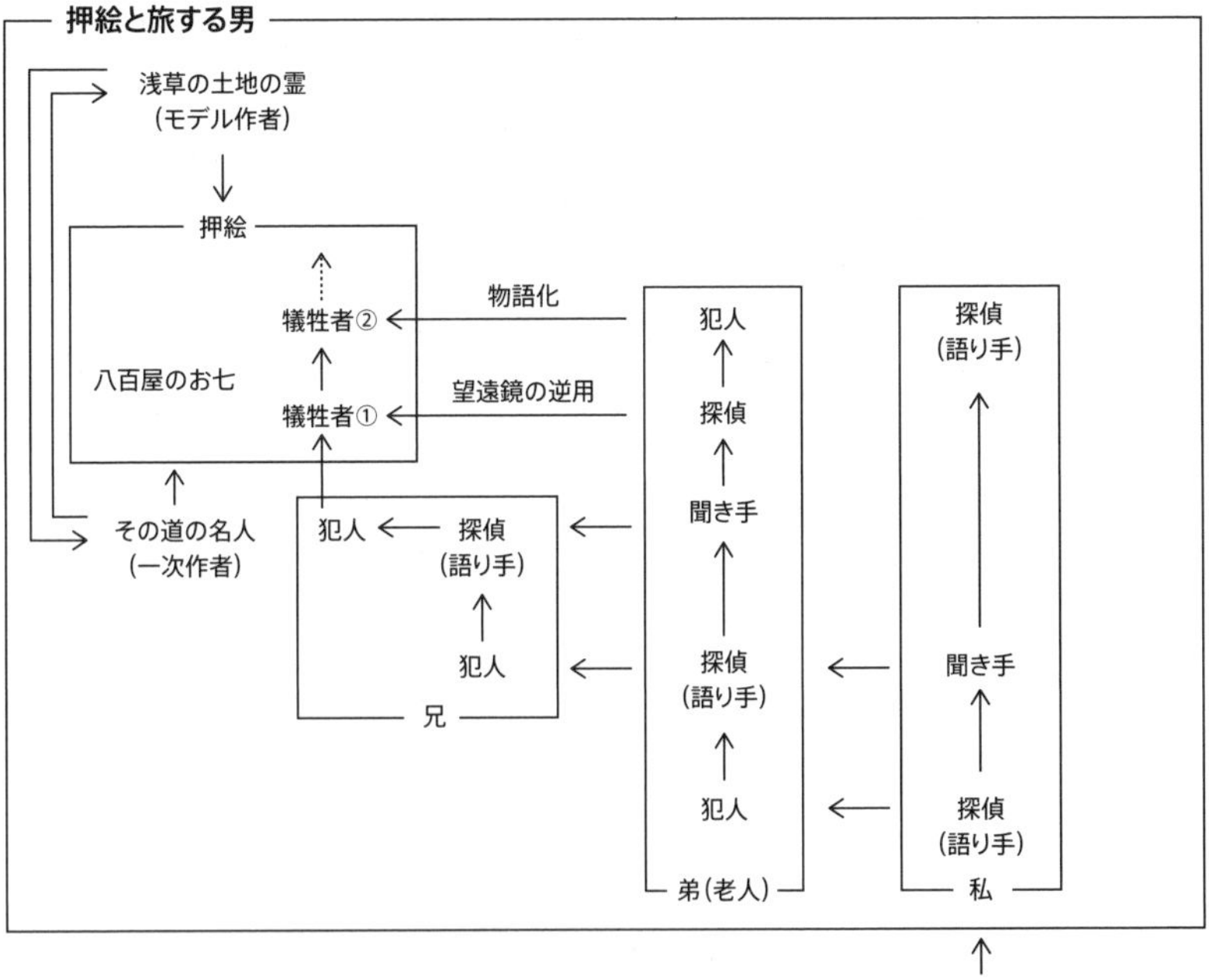

創作（アブダクション）中の登場人物になることを自ら選び取ったのであって、作品の中に入りたいという自らの欲望を成就するにあたり、虚を実に変換するという推理小説の構造を逆用したのである。

探偵役が語りを担った結果として、探偵役の関心の埒外《らちがい》にあることに読者の関心が向けられにくくなる。この場合、作品の中に入りたいという欲望にしか焦点が当たらず、ホームズ譚的な推理小説であれば、真っ先にワトスンの関心の的になるはずの点に意識が向かなくなる。

事実、管見《かんけん》に入った限り、「押絵と旅する男」を論じてきた人々のうち、押絵細工の作者である「その道の名人」の正体に関心を寄せた者が誰ひとりとしていない事実は、この作品の語りの成功を証立てている。

とは言え、押絵が関東大震災以前の浅草を封じ込めている以上、本来は犯人であるはずの「その道の名人」が、真の犯人である浅草の「土地の霊」に対して二次的な作者でしかありえないのも自明である。この前提が暗黙の裡に読者の間で共有されていればこそ、「その道の名人」のことを誰も気にかけず、現実の浅草との回路は絶たれているので、聖地巡礼的欲望も発生せず、二次創作的想像力も駆動しないのだろう。

「文学作品」と「文学散歩」を楽しめる魅力

この作品に関してそうした欲望や想像力の余地があるとすれば、それは押絵と現実との接点にしかない。そして、「私」と「老人」を乗せたコンパートメントには彼ら以外の者が乗り込まず、現実とは切り離された別世界をなしていた限りにおいて、現実との接点は、最後に老人が押絵とともに下りた「どこともしれぬ山間の小駅」、彼がその中に「溶け込むように消えて行った」改札の「背後の闇」であるほかない。

この作品に対して「聖地巡礼」を行ったミステリ評論家の佳多山大地(2019)が浅草には向かわず(「十二階の跡地を示す記念プレートが、日本最古の遊園地、浅草花やしきのほぼ西隣りで営業するパチンコ店の店頭で控え目に輝く」ことは記されているものの)、「山間の小駅」の所在を突き止め、そこを訪れるのを「ライフ・ワーク」としたのは理由のないことではなく、この問題が(佳多山の言うごとく)「作品解釈にはまるで関係ない」はずはない(ここでは、佳多山探偵が探り出した真相は伏せておきたい)。

この場面において老人が「なんと押絵の老人〔つまり、兄〕そのままの姿であった」と述べられている点は、ほとんどの論者が「老人とその兄が同一人物であるかのように示唆される」(武田1993)と解釈している。ここでしか働く余地のない二次創作的想像力にしたがえば、兄が「汚く老い込んでいく」のは、押絵の娘がいつまでも若く魅力的であり続けるために、エネルギーを吸い取られているからであり、ゆくゆくは次なる犠牲者に取って代わられる定めにある。

次なる犠牲者、それが弟であることを彼らの容貌の相似は示唆していると推理する方が、探偵として弟が引き出したアブダクションにはふさわしい。かくて「私」は最後に探偵に戻り、老人を物語に封じつつ、オープンエンドによって解放する。

もはや言うまでもないが、ここから広がる二次創作的想像力は、一方では老人の「富山近くの故郷」での家族との暮らし、「山間の小駅」の親戚などに伸びていき、他方ではこうした吸血鬼のごとき存在を作り出してしまった「その道の名人」の、そしておそらくは彼のモデルとなった娘の運命に向かわざるを得ない。

文学作品が魅力的なコンテンツとなるには、二次創作的想像力とそれを現実化する聖地巡礼的欲望が鍵を握るとは言え、ホームズ譚の場合、それらに引っ張られるように、テクスト論(高山宏のホームズ論など)と文学散歩(近年隆盛を見せるコナン・ドイル研究)の面でも高度な受容に耐えるポテンシャルを示している。このバランスのよさが、ホームズ譚のコンテンツとしての持続性を支えていると考えられる。それとは逆に、「大衆文学」でありながら、すでに「聖地巡礼以外の受容」が十分に深められている「押絵と旅する男」は、この欠落が埋められることによって、浅草(や富山)の強力なコンテンツのひとつとなりうる可能性を秘めている。

10

個性ある聖地を目指す

模倣しやすいものは、すたれるのも早い

持続する旅行地を形成するために

ものまね観光が氾濫する日本

２０１４年に上梓した『コンテンツツーリズム入門』(古今書院)では、コンテンツツーリズムの舞台として、アニメ、映画、テレビドラマ、小説、ご当地ソング、ご当地アイドルをあげて、それぞれで論を展開した。今回は前書をベースに、さらに研究を進める中でわかってきたことを読者のみなさんと共有していきたい。

コンテンツツーリズムについて読み解くには、まず、外部(作家、作詞家、テレビ局、映画会社など)が、その地域を選択する必然性があったのかどうかである。必然性があれば、その必然性を分析し、それが来訪者の持続性につながるかどうかを検討する。必然性がなかったときどうするか、この点については後述する。

次に、押さえておきたいのが、舞台となった地域が、有数の観光地であったかどうかである。もし知名度の高い観光地であれば、すでに多数の観光客が来訪しており、新たなコンテンツツーリズム関連で経済効果や社会効果が生じてもそれはごく一部にとどまり、コンテンツツーリズムによるものであったかどうかは、地域の人たちにはわからないからだ。

結局、問題となるのは、舞台となった地域の選択に必然性がなく、それほど全国に知られていない地域が、コンテンツツーリズムの対象地になったときに、来訪者の持続性がむずかしいということであろう。

したがって大事なことは、この課題をいかにして解決するかである。対象地域の人たちが、そのアニメを知らず、来訪者がどうして来るのか、不可思議な気持ちで見ている状態では、温かな地域の受け入れは期待できない。訪れても地域に観光的にまたは景観的にも魅力がないと、アニメ物語の放映や連載が終わると、アニメファンは、次のアニメ舞台に関心が移ってしまうことになる。

コンテンツツーリズムの対象地は、こうした危うい砂上にあるところが多い。観光研究の分野では、コンテンツツーリズムという用語がでてくる以前から、同種の観光地の持続性の問題について言及してきている。コンテンツツーリズムの対象地がそのような危うさから脱却をして、いかにしっかりとした基盤の上に乗って観光地、または新観光資源として定着し、サスティナブル・ツーリズムを確立し得るか、そして最終的には「聖地」にまでなることができるか。これらについて、さまざまな先例から考えてみることにしよう。

まず、日本における地域の取り組みは、成功例をすぐに真似をする体質があることに留意して欲しい。と言うのも、日本のテレビ・新聞の各社が、同じような内容の報道を全国に流しているため、ものまね問題が生じるからである。

テレビは大きなニュースや特色ある地域や話題があると、どのチャンネルを回しても同じテーマで、中身も同じ。その問題に素人の芸能人をゲストを迎えて目先を変えるだけで、ただ賑やかにして放送している。新聞も、政治姿勢に多少の違いがあるものの、ほとんど同じような内容で紙面を飾っている。こうして日本のマスコミから流れる情報は北海道から沖縄まで、全国一色である。

米国のテレビ局は1700社を超えると言われ、地元発信のケーブルテレビや衛星放送専門局の受信率が高い。アメリカの新聞発行部数は、最高のウォール・ストリート・ジャーナルが211万部で、ニューヨーク・タイムズが、191万部である(2011年)。各州には、全国紙とは違った内容を載せる地元紙がある。それに対して日本の新聞社は、全国紙の読売新聞が、851万部、朝日が、595万部(2018年上半期の朝刊発行部数)で、このような販売部数の多い新聞は欧米にはない。

アメリカは、自立した州が集まって国ができており、スイス連合はもっと強く、自立したカントンの集まりである。ドイツでは公共放送も教育行政も州が所管している。日本のように、オリンピック・パラリンピックの東京開催決定後、開催まで連日のように全国放送で何度も放映するような国は少ない。

フランスでは、小さい1000人くらいの村から、パリのような大規模の都市まで、政令都市であるとか、市・町・村のランクに関係なく同一線上に並んでいる。イタリアも基礎自治体であるコムーネを大事にしている。イタリア北西部の4州だけでも、3060のコムーネが存在し、日本の2倍近い。日本のように市町村数を減らすために合併を促進して、国や県がコントロールしやすくするような中央集権国家ではない。

こうした状況から日本はどこかで、ある事業が成功するとその情報が全国に広がり、すぐに視察団が動き出し、旅行会社が商品化し、多くの人が特定の場所に殺到する。こうした成功例を模倣して同じようなものが、全国各地でつくりあげられる。

インバウンドを盛んにするために、観光庁があれこれと考えて自治体に観光メニューを提案する。

これが日本の観光地の一色化を増幅する。フラワーツーリズム、ヘルスツーリズム、フードツーリズム、産業観光、フィルムツーリズムなど、次々と観光庁はメニューをあげてくる。そのような見方・視点を知らなかった地域では、新しい観光対象を生み出すことができるのでありがたいと感じる。

しかし、これらは別に目新しい提案ではなく、観光対象となる山岳・湖沼、寺社と同じように植物、食など個別の観光資源に、ツーリズムという名前をつけただけである。これであれば旅行目的になるものはすべて、〇〇ツーリズムとなる。寺前秀一は、こうした動きを「ハイフンツーリズム」という（寺前秀一　２０１６）。ものまねしやすいものは、ものまねをして数が増える。数が増えれば、個々の資源の誘致圏は狭くなり、しばらくすると新鮮味がなくなり、来訪者が減ってくる。

なぜ、「フラワーツーリズム」と「フードツーリズム」は広がったのか

観光資源のひとつである植物に特化したのが、フラワーツーリズムである。美しい花を見せるようにするまでの労力は大変でも、開花までの年月が少なくてすむので取り組むところが多い。サクラ、シバザクラにはじまって、ラベンダー、ヒマワリ、チューリップ、アジサイ、ボタンなどが観光対象となっており、ある一定の観光客を誘致している。

波打つ丘陵を、時期によってネモヒラ、コキアなどで一色に大規模に展開している「ひたち海浜公園」の影響も大きい。最近では、ソメイヨシノの開花期よりも1カ月ほど早く、比較的長く観賞できる河津桜が、各地で見られるようになっている。

シバザクラも後述する北海道のシバザクラが世の中に知れ渡るにつれ、本州各地でシバザクラを植

えて新たな集客地になろうという地域が続々と現れてきた。埼玉県秩父で2000年にシバザクラ観光地をつくり成功したように、首都圏の各県は首都圏という大市場に持つだけに、どこでも多くの人々を集めることができた。今では旅行業者が送客対象となる首都圏のシバザクラ地域は、群馬県だけでも3カ所、千葉県に2カ所、他に山梨県、栃木県にもある。身近でシバザクラが見られるようになると、北海道まで出かけて、わざわざ評判のシバザクラを見る必要はなくなってくる。

北海道ではそのほかに新しい観光対象地として、運河を含めた小樽のまち並み、北海道ガーデン街道、富良野のラベンダー園、丘のまち美瑛、見せ方がユニークな旭山動物園などが次々に誕生した。ラベンダー園も各地にできてきているし、全国の動物園、水族館が旭山動物園方式の見せ方を採用するようになってくる。動物園はもともと日常生活圏の人たちが訪れるところで、身近な動物園で旭山動物園のような見せ方をする動物園が増えてくると、わざわざ北海道へ出かけて、旭山動物園に寄る必要もなくなる。

このように真似をしてすぐにつくれるものは、数が増えてくると珍しくなくなるため、誘致圏は狭くなり、訪れる人も減ってくる。収入が減り、支出となる維持管理も大変なのでやめてしまう。このようにまねをしてすぐにできたものは、すたれるのも早い。このことに留意すべきだろう。

シバザクラについて、ここまでやや否定的な見方をしたので、北海道の本家シバザクラは、どのようにしてあらたに創造したのか。また、どのような取り組みをして、持続性を維持しているのか、考察したい。

北海道滝上町のシバザクラが、旅行商品として登場したときには感動した。まだ見たことのない花が、10万平方メートルの斜面いっぱいに咲いている。そのあとに、同じ北海道の東藻琴村《ひがしもことむら》(現大空町)でシバザクラを売り出した。そのとき、東藻琴は滝上のまね？　と思ったが、両者は100キロ以上離れているし、旅行会社はむしろ2カ所を組み込み、相乗効果を発揮していた。ものまねでなく、両者は同じころ、偶然にもシバザクラの育成に取り組んでいたのである。

まず、滝上町は1954年の洞爺丸事故で知られる北海道を襲った台風15号で、名所のサクラ公園のサクラが倒れてしまった。そうした状況をどうするか検討した結果、町内の寺にあったシバザクラを植えようと、1957年、ミカン箱一杯のシバザクラの苗を育てるところからはじまった。1959年、シバザクラ公園として整備し、その後、規模を徐々に拡大していき、現在の姿になった。

一方、東藻琴村は、終戦直後に道内の留辺蘂町《るべしべちょう》(現北見市)から持ってきたシバザクラを個人が自宅に植えて、100平方メートルほどのシバザクラ公園をつくった。これを見た藻琴山温泉管理公社から、「芝桜で村の憩いの場をつくって欲しい」と頼まれて、個人で小高い丘斜面の笹や樺の木、雑草など取り払い、自宅からシバザクラを運び、1977年から8年かけて植えていった。たいへんな功労者がいたのである。1991年に8万平方メートルにひろがり、2008~2009年にかけて今日の10万平方メートルにまで拡大した。7割は個人による整備だった。

滝上のシバザクラは、早くも1970年代から徐々に知られてきた。しかし、1990年版『新日本ガイド北海道』(日本交通公社出版事業局)には、まだ両シバザクラは取り上げられていない。道外に知れ渡るのは、これ以降になったのだろう。北海道の2カ所が旅行会社の商品に取り上げられ、全国各地から訪れるようになった(www//town.takinoue.hokkaido.jp, www//town.oozora.hokkaido.jp)。

産業観光も目新しいように思えるが、先の東京オリンピックである1964年のときに、カメラ工場などを前面に出して、外国人向けに産業観光をすでに打ち出している。近年は、山岳・湖沼・海岸などの自然資源に乏しい愛知県が、外国人を呼ぶためにトヨタやノリタケなど、日本ですぐれた企業を積極的に見せる取り組みをしている。この取り組みは評価できるだろう。また、工業都市である川崎市では、昼の工場では魅力がないので、工場夜景ツアーを売り出している。

フードツーリズムについて、旅行者が出かければどこかで食事をとるから、これまでさほど食に気にかけないできた。現在は、若者を中心に食が目的の旅行者が増えてきて注目されている。富士宮焼きそばからはじまったB級グルメの影響が大きい。

ラーメンの場合は、観光客を呼ぼうと、にわかにラーメン店が増えたのではなく、各地には地元民が消費する多数のラーメン店が存在していた。それが喜多方ラーメンに負けないと、外部に向かって「わがまちにもたくさんのおいしいラーメン店がある」と、主張したのである。ラーメンは全国的にブームとなり、中国にまで進出している。

ラーメン人気はどのようにして、全国に伝播したのだろうか。ラーメンブーム以前に、旅行に出かけて、わざわざラーメンを楽しみとして食したのは、さっぽろラーメンと博多の屋台村のラーメンであった。現在のラーメン人気は、喜多方にはじまる。喜多方では初めから、ラーメンを売り出そうとした意図はなく、市内の写真家が喜多方のすばらしい蔵造りの建物を写真展などで紹介したことにはじまる。

蔵を見る目的の旅行者が喜多方に来て、ラーメン店の多さとそのおいしさを知り、またたくまに喜多方のラーメンが全国に知れ渡り、蔵造りのほかにラーメン目的で喜多方を訪れる人が増えてきた。一地方都市喜多方のラーメンが知れ渡ると、わが町にもラーメン店が多数あるし、味も喜多方に負けないと、旭川ラーメン、佐野ラーメンにはじまり、鹿児島、久留米、尾道、徳島など次々と、各地のラーメンが名乗りでて、今では全国の多彩なラーメン地図ができあがった。

はやりのものまねでなく、もともと地元民が消費するラーメン店が多くあって、長い間、地元民が育ててきたラーメンであったから廃《すた》れることはない。B級グルメもそうした方向で評価できる。

野田宇太郎の「文学散歩」が旅行行動に果たした役割

2007年に放映されたアニメ『らき☆すた』の聖地となった鷲宮神社《わしのみやじんじゃ》や当地久喜市に与えた社会的・経済的効果が、全国各地に漫画・アニメに期待する機運を高めた。『らき☆すた』以前にも、コンテンツツーリズムという用語はなかったが、それに類する旅行はあった。今日のコンテンツツーリズムに継承する意味から、そのころの関連する旅行行動を論述することにしよう。

文学の世界では、早くも1951年に野田宇太郎が「文学散歩」という用語を打ち出した著書は多くの人に読まれた。私の手元にある文庫本の1965年版の野田宇太郎著『日本の文学都市』は、1960年に雑誌に連載し、1961年に単行本となったものである。文学の舞台となった地を文学都市と呼び、函館、金沢、鎌倉、柳川など12都市が選ばれている。時代は下って1982年、前田愛は『都市空間のなかの文学』を著し、文学作品から都市空間を解読した。文学研究者である彼の空間把握は、それを得意とする地理学界に大きな衝撃を与えた。彼はその後１９８６年の『幻景の街 文学の都市を歩く』では、17の文学作品を採り上げ、対象地域の解明をした。１９９６年、川本三郎は『荷風と東京『斷腸亭日乗』私註』という６０６ページにもおよぶ書を著し、荷風の日記から荷風の都内での行動をトレースして、東京の街を解読していった。文学関係の問題は、作家や文学書にも、時代により、流行《はや》り廃《すた》りがあり、作家の人気も変わっていくので、地元ではそのことを念頭に置いて対応を考えておくとよいだろう。

１９７０年前後、石川啄木が大人気で、岩手県玉山村渋民（１９５４年、渋民村は合併し、玉山村、現在は盛岡市）を訪れる人が多かった。渋民駅に置かれたノート「訪れの記」と啄木記念館のノートには、渋民を訪れた喜びが記されており、その一部が『旅の落書帖』に23～47ページにわたって書かれている（丸山康則、１９７５）。

啄木の渋民には、いまは石川啄木記念館のほかに、卒業し、代用教員を務めた旧渋民尋常小学校、代用教員時代に家族で間借りした宿屋旧斎藤家が保存され、公開されている。12カ所の啄木の歌碑めぐりマップも作成されている。文学愛好者は、たとえその地に何もなくても、読んだ本の地に来たというのが大事で、本の素地となった土地を確認するだけで十分であるが、渋民のように啄木関係の施設などが整備されていれば、啄木ファンの感激度はいっそう強くなるだろう。

そのころ同県人宮沢賢治の小説は難解で、なかなか彼の意図するのが理解できなかった。しかし、今は宮沢賢治ファンが増え、啄木より人気度は高く、渋民よりも花巻を訪れる人が多くなっている。

文学には、このような流行りの変化が生じるのである。

私は『夜明け前』(島崎藤村)を読んで感動し、1961年に近くに行く機会があったので馬籠《まごめ》を訪れ民宿に宿泊した。馬籠には、すでに藤村記念館は存在していた。谷口吉郎設計のすっきりとした品のよい記念館であった。戦後の貧しい時代、1947年に地元民の協力で完成したとある。『夜明け前』は「木曽路はすべて山の中にある」にはじまる。舞台となる馬籠は木曽路の最後で、馬籠のある山口村は当時長野県で、集落は馬籠峠の岐阜県側斜面に展開する。私が乗った夕方のバスは、岐阜県中津川市からの帰りの通勤通学者でいっぱいだった。

そのころでもすでに生活圏が中津川に属していたが、山口村は2005年に珍しい越県合併で中津川市に合併し、長野県から岐阜県になった。馬籠峠から長野県側に下りると、南木曽町妻籠《なぎそまちつまご》である。1960年代、馬籠には大勢の観光客が来ていたが、峠を越えて妻籠には来なかった。妻籠は何とかして馬籠の観光客を引き寄せたくて、さまざまな努力したが効果がなかった。あきらめていたころ、国の1968年の明治100年事業に妻籠は名乗り出て、県内2カ所のひとつに認められ、中山道の宿場町の整備に乗り出した。

妻籠の「売らない、貸さない、壊さない」の3原則による保存方法が全国の模範となり、文化庁の重要伝統的建造物群保存地区に高山や萩などと第1号の指定となった。馬籠は藤村のふるさとで、知名度が高く、そのような取り組みをしなくても観光客が来ていたが、今日では完全に妻籠が馬籠を上回る知名度と集客力となった(溝尾良隆 1990)。恵那山が見え、土地に起伏がある馬籠のほうが優れていると思うが、同じ小説を舞台にしても、地域の取り組み次第で人気が替わってしまうのである。

魅力的な観光まちづくりに取り組んでいるからこそ、映画のロケ地となり人が訪れる

テレビと映画は映像作品としては同じであるが、私はテレビドラマ分析に関心があり、映画をあまり見ていなかったこともあり、映画からの地域分析には、触手を伸ばさなかった。安島博幸らは、すでに1991年にフランス映画からフランス人のリゾートライフを分析していた。引き続き、同手法で翌年フロリダのリゾートイメージ、1993年には、フランス人のヴァカンス感覚について発表していた。私の大学のゼミ生が1996年に「映画に描かれた尾道のイメージ」という卒業論文で、大林監督の5作品を分析した(中島有香 1996)。

1990年代前半からすでにこうした研究があったが、映画のロケ地訪問は新しい旅行で、日本で全国フィルムコミッション連絡協議会が設立されたのは、2001年である。協議会への参加市町村は、円滑に映画の撮影ができるように協力する。映画の内容による受け入れ側の好みで、取捨選択することは許されない。受入れ市町村にとっては、みずからのまちが映画になって撮影地がわかり、旅行者が来て消費をしてくれて経済効果が生まれるのを期待する。

前述の文学や歴史の場は、来訪者がすでに知識として持っているのを、現地で五感を通じてトータルに全身で受け止めるので、来訪しただけで満足する。対象地域で、どの程度の経済効果が生まれるかは、地域の食、宿泊、土産などの魅力次第である。

映画がロケ地を有名にしたいくつかの例をあげよう。古くは1950年代にすでにある。まず、1952年にはじまった『君の名は』はラジオ放送で、放送中は「女湯が空っぽになった」と言われるほど大ヒットし、日本中の女性は感涙にむせんだ。これを受けて、1953~1954年にかけて、

第一部から第三部までの映画がつくられ、これも空前の大ヒットとなった。美幌峠《びほろとうげ》、佐渡の尖閣湾《せんかくわん》、雲仙《うんぜん》などが実景で映され、観光地として多くの旅行者が訪れるようになった。尖閣湾には今でも「まちこ橋」があるが、『君の名は』を知らない人には橋名の由緒がわからないだろう。まちこはヒロインの真知子で、映画でのストールの巻き方は真知子巻と言われ、一世を風靡した。『君の名は』の撮影地は、観光資源として優れていたので、当時、旅行が大衆化しない時代、初めて訪れて感動した人が多く、全国的な観光地として定着していった。

前述の尾道市である。林芙美子の『放浪記』は、「海が見えた。海が見える。5年ぶりに見る尾道の海はなつかし。」ではじまる。尾道出身大林宣彦監督の尾道を舞台にした映画三部作、『転校生』『時をかける少女』『さびしんぼう』は、尾道の魅力が十分に発揮された。続いて、大林監督によって新尾道三部作『ふたり』『あした』『あの、夏の日』が制作された。尾道では、これらの映画を通じて約110カ所のロケ地一覧を紹介している。

尾道は山と海に囲まれ、坂の町、多くの小路、どこから見ても風光明媚なまちである。尾道水道を行き交う船舶も見られる。生まれてから高校まで生活した大林宣彦監督だからこそ、尾道の魅力を熟知し、映画で歩いて楽しい尾道を撮っているので、映画を見た人が実際に訪れても、尾道は期待を裏切らないのである。

インバウンドで話題になったのが、2009年に放映された韓国ドラマ『アイリス』。たまたま選んだ秋田県に、放映後これまで最高の韓国人旅行者が訪れることになった。県もこの機会にと田沢湖、乳頭温泉、角館、横手、なまはげも登場させるなど、県内の一級の観光地を紹介させたので、秋田県を知らなかった韓国人観光客は、来訪して満足した。

韓国ドラマと言えば韓流ブームを引き起こした『冬のソナタ』で、ロケ地の一番人気はナミソム（南怡島）だった。ナミソムはドラマのお陰で旅行者が増えたのは間違いないが、大事なのはナミソムがなぜ、映画の最重要ロケ地に選ばれたかである。ダムがつくられたときにできた島がナミソムで、殺風景で魅力がなかった。植樹を計画的にして、ドラマでも見栄えがいいようなすばらしい風景につくりあげたのである。その結果、ナミソムは、『冬のソナタ』の放映以前から、ソウルの若者たちに人気場所となっていたので、ドラマの中心舞台として選ばれた。

ここでの結論は、魅力あるまちづくりや風景づくりに取り組んでいれば、それが外部の目にとまり、ロケ地などに選ばれる。ひいては映画でロケ地を知った旅行者が、ロケ地を訪れて満足をすることにつながるということである。

観光振興の視点が異なる「連続テレビ小説」と「大河ドラマ」

わが国で人気のある、NHKの朝ドラ（正式には、連続テレビ小説）と大河ドラマには、舞台となった地域に与える影響には相違があると、1994年に私は発表した。大河ドラマはその地域に関係の深い歴史上の人物がテーマとなるので、それに価する人物がいる地域では、NHKに売り込む誘致合戦が盛んである。米沢市が誘致に成功した『天地人』、上田市の長年の努力が実った『真田丸』は、その例であろう。

大河ドラマは地域と人物が一致するので、旅行業者も商品化しやすい。放映中に多くの旅行者が訪れるのも事実である。すべて過去の話だから、旅行者がその人物について熟知し、ストーリーができていれば、現地で主人公に関連する地域・施設で説明を聞いてもわかりやすい。問題は、大河ドラマが1年で終わり、次の年にあらたな大河ドラマがはじまると旅行業者はその商品化に移るし、旅行者も放映中の人物に集中し、前年の大河ドラマの主人公も地域も忘れてしまう。

つまり、大河ドラマの影響力は大きいが、地域へのその効果は1年だけということになる。そのため放映中に地域の経済効果を大きくするのが大事で、地域の宣伝に一役買おうと入り込んでくるNHKに主導権をとられないようにする。

地域が主導権を握った好例が、『天地人』のときの米沢市の取り組みである。米沢市は、山形県以外の上杉関連の新潟県・長野県との連携を密にし、人づくり、まちづくり、ブランドづくりに取り組んだ。これまでNHKが作成する大河ドラマの紹介コーナーを、市は博物館の一角に自力でつくり、200円の有料とした。結果、20万人の予想を上回る51万5775人の入館者を記録し、10億円を超える売上となった。主人公の直江兼続の兜にあった「愛」を商標登録して、使用する場合は、市内の業者は無料にし、ほかは有料にした。市では「愛」をバッジやのぼりに使用した(溝尾ほか2012)。

舞台を「現在」に重きを置く朝ドラの魅力

朝ドラは、東京と大阪のNHKテレビ局が半年ずつ担当する。ふだん活動する母都市とそこから出かけるサブ地域とが、かならずペアになっている。あまり知られていないサブのほうが注目され、旅行者が訪れるようになる。たとえば、2019年前半の『なつぞら』で言えば、アニメ制作の町が東京で、サブが北海道の十勝である。2005年の『ファイト』では、高崎市と四万温泉。四万温泉では、今ある旅館が映写されていて、どこの旅館かすぐにわかる。女優が演ずる女将は別の旅館の女将で、これも誰かわかる。

1993年の『ええにょぼ』では、大阪のサブが京都府の伊根である。

このころは1年間の放映だったが、大洲市を舞台に、軽快な音楽ではじまる『おはなはん』だった。舟屋約230軒が海に向かってならぶ、めずらしい風景が映し出される。かなり早い段階の1966年、この朝ドラで大勢の旅行者が大洲にきたが、まだこのころ、現地では観光地ではないし、朝ドラに対応しようとも見せるものがなかった。しかし、朝ドラのおかげで大洲の町の良さを地元民が再認識し、その後まちづくりに取り組む。今でも「おはなはん通り」がある。

このように朝ドラは「現在の場所」を映しているので、魅力ある地域であると、放映中に知って訪れ、その後もリピーターとして訪れる。もともと魅力があったので、NHKに選ばれテレビ放映でさらに魅力を打ち出すと、長続きする観光地になる。ここが1年で消えてしまう大河ドラマとは異なる。

「外国の聖地」事例から見る「日本の聖地」を永続させるポイント

外国の聖地にみる特徴とは?

これから取り上げる3例は、奇しくも19世紀後半に起きている。意図したわけでなく、私が知っているたまたまの3例である。古さからは、フランスの『ルルド』が1858年、和暦で安政5年、明治時代の10年前、『ハイジ』が1880年、明治13年、『シャーロック・ホームズ』が1887年、明治20年である。私が知ったのが遅かったので、ハイジとシャーロック・ホームズがこれほど古いとは思わなかった。順不同で述べていくにしよう。

①名探偵シャーロック・ホームズ

コナン・ドイル作『シャーロック・ホームズ』は、小説の第1作が1887年で、最後の作品が1927年である。この40年間に、シャーロック・ホームズ(以下、ホームズ)が登場する作品は、長編4作、短編56作にのぼり、多くの作品がベストセラーになった(第9章参照)。

ホームズの聖地は、ロンドンのベーカー・ストリートである。ここに行くために地下鉄ベーカールー線ベーカー・ストリート駅のホームに降り立つと、ホームの壁にたくさんのシャーロック・ホームズのパイプをくわえた絵が描かれている。

さらにジュビリー線のベーカー・ストリート駅には、小説の一場面の絵が描かれている。外に出れば、シャーロッ

写真10-1　ロンドンのベーカー・ストリート

『シャーロック・ホームズ』はコナン・ドイルのロングセラーである。そんなホームズの聖地がベーカー・ストリートである。
筆者撮影

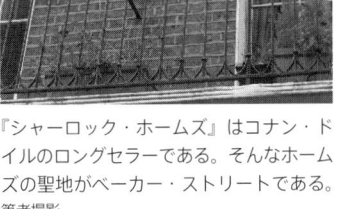

ク・ホームズの銅像が出迎えてくれる。ワトソンと共同生活をはじめた下宿は、ベイカー通り221B番地。ここは架空の番地だったが、そののち人口が増えて今は221B番地が存在し、その番地にある金融会社のもとに、ホームズへの仕事依頼の手紙がくると、その会社で返事を出していた。1990年から、そこから少し離れたホームズ博物館ができて、221Bを名乗っている。

一方、スイスにもホームズの聖地がある。インターラーケンから列車で15分走ったブリエンツ湖近く、人口4000人の小さな町マイリンゲンである。ここは『最後の事件』でホームズが、ロンドンに君臨している「悪のナポレオン」と言われたモリアーティ一味をとらえるために、マイリンゲン近くの落差100メートルのライヘンバッハ滝で戦い、もみ合って滝壺に落ちた。滝には、2人が落ちた場所に★印がついている。ホームズだけは助かり、話はまた続く。ここにもシャーロック・ホームズ博物館や銅像もあり、ホームズは、マイリンゲンの名誉市民にもなっている。

最後の小説を終えてから100年近く経っているのに、いまだ聖地を持続しているのは、英国でホームジアン、米国と日本ではシャーロキアンと呼ばれる人たちがいて、彼ら彼女らが中心になって、ロンドンにはシャーロック・ホームズ協会、ニューヨークにはベイカー・ストリート・イレギュラーズ、日本にはシャーロック・ホームズ・クラブを組織して、ずっと活動を継続しているからである。

②アルプスの少女ハイジ

2例目は、ヨハンナ・シュピリ著『ハイジ』である。ホームズより6年早い1880年に発刊され、今日に至るまで世界中で5000万部以上が刊行されている。日本ではフジテレビが1974年1月

6日から12月29日まで、ほぼ1年をかけて全52話を放映した。私はこれを見ていたので、この話が1880年にできあがっていたとは思わなかった。

日本人の多くが、アルプスの少女ハイジを知るところとなった。海外旅行自由化から5年目だった。流れる軽快なテーマソング「おしえて」も多くの人が口ずさんだ。話は実話をもとにつくられたので、実際の場所、スイスのマイエンフェルト村(サンモリッツやダヴォスのあるクラビュンテン・カントン)があり、その場所を訪れて感動するのは、テレビの作画が実際の風景の雰囲気で描かれていたからである。

マインフェルトでは、『ハイジ』の世界が十分に楽しめるように、「ハイジの道」と、さらに山に向かって「ハイジ体験の道」が用意されている。『ハイジ』がずっと人気を保つかぎり、マインフェルトに訪れる人は絶えることはない。映画や書物で、美しい牧草地アルプが描かれている限り、聖地として定着し続けるだろう。

③聖地フランス・ルルド

羽生敦子のルルドの研究(2020年)によれば、ルルドが聖地として「発見」されてから1世紀半も経ち、聖地としての人気は衰えどころか、ルルドには年間500万人台の巡礼者が訪れ、400店舗近い土産物店が集まっているという。ルルドが巡礼の対象地になった。これは、それほど古いわけでなく1858年、14歳の少女、ベルナデット・スビルーが18度の出現に立ち会った「白い貴婦人」、これが「無原罪のマリア」であることが明らかにされてからである。

マリアに言われた土を掘り湧き出たその泉で、20年間盲目であった人が目を洗うと、その場で視力が回復した。「ルルドの奇蹟」と言われた。こうした話はどこにもよくあるが、それらの話がなぜ、信じられて、今日まで聖地となっているか。

ベルナデットはマリアに18度会ったが、2回目の出現からまちのうわさになり、回を追うごとにルルドの住民がベルナデットにつきまとうようになり、3週目にはその数8000人に上った。盲目者が視力を回復した様子も、目撃した大衆によりまちを越えて広がった。こうした動きに難色を示した教会側も、マリア出現の4年後に、それを認める教書を発布した。

1861年、タルブ司教区は洞窟を購入し、少しずつ周辺の土地も購入していった。ヴァチカンでも彼女は一般的な人とは違うと認める。1866年には、ルルド駅が開業、特別列車によるルルド巡礼も行われ、ルルドの観光地化が急速に進んだ。彼女は後に修道院に入って、1879年に生涯を閉じた。ベルナデットの博物館もある。多分、神がかりな人だったのだろう。

巡礼者はミサに出席し、沐浴場で沐浴するのが目的である。ほかに水を汲んだり、飲んだり、洞《ほら》からしたたり落ちる水を手ですくったり、頭にかけたりする巡礼者や観光者で賑わっている。ルルドの医療検証所には、奇跡と認められた症例である70人がパネルで紹介されている。日本の長崎県下五島の井持浦教会の1899年に造られたルルドの洞窟と泉には、フランスのルルドの奇跡の泉から取り寄せた泉水が注ぎ入れられた。

日本で聖地になるには？

ここまで聖地化された外国の事例を紹介した。この3事例を参考にして、日本で類似する対象地が、聖地となる可能性、聖地となる課題について検討していくことにしよう。

①映画『男はつらいよ』

拠点を持ち、長期間、小説が人気を保ち続けたシャーロック・ホームズに比較できる日本の例は、映画『男はつらいよ』だろう(第8章171ページ参照)。1969年8月に第1作が誕生した。そののち主人公の渥美清が亡くなる前の1995年12月まで、26年間に第48作がつくられた。小説と映画の違いはあっても、たくさんの作品が長期間にわたって人気を保ち続けている点が類似する。双方ともに拠点がある。ホームズと比較して、『男はつらいよ』のほうが拠点は優れている。

ホームズではその当時なかったベーカー・ストリート221B番地に小説上での住まいを置いた。『男はつらいよ』では、拠点は葛飾柴又で、映画でも寅さんが「生まれは葛飾柴又」と何度も言う。映画の舞台の大半は柴又で、現在の柴又が映し出される。東京の一商店街である柴又が全国に知れ渡った。

柴又を訪れると、駅前で「フーテンの寅像」と「見送るさくら像」が出迎える。帝釋天参道には草餅屋や団子屋、うなぎ屋などがならび賑やかで、寅さんの実家の「とらや」も映画そのままの団子店の雰囲気である。帝釋天を参拝すれば、あとは「葛飾柴又寅さん記

写真10-2　柴又

映画『男はつらいよ』の舞台となった柴又(葛飾区)映画の主人公フーテンの寅さん(渥美清)人気は今も衰えることはない。
筆者撮影

念館」と「山田洋次ミュージアム」が待っている。

『男はつらいよ』は聖地としての柴又がホームズより優れているが、永続性の観点からは、ホームジアンやシャーロキアンと呼ばれる人たちやシャーロック・ホームズ・クラブのような、寅さんびいき、寅さん応援団が組織化されていない問題がある。

『男はつらいよ』を終えて、すでに25年が経つ。ずっと人気を持ち続けていくことができるだろうか。柴又以外のロケ地は43都道府県446カ所プラス海外のウィーンと多い。これらの地域でまとまり、「寅さん地域応援団」などのようなものができないだろうか。これができれば、寅さん映画の人気は持続するだろう。

②美瑛町・富良野市

『ハイジ』に該当するところは？　つまり、一作品ですばらしい風景が紹介されて、それが現地との風景と違和感なく、現地を訪れてもすばらしいところはどこか。純農村であった北海道の美瑛《びえい》は、1970年代、美瑛の丘や耕作などの農村風景にほれ込んだ写真家前田真三によって、美瑛のあちこちの美しい風景が切り取られ、その写真が美瑛を知らない旅行者の憧れの地となった。

旅行者は美瑛へ行き、前田の撮影場所を探す。最初、迷

写真10-3　美瑛

1970年代、美瑛の丘や耕作などの農村風景に惚れ込んだ写真家前田真三は、その美しい風景を撮り続けた。
筆者撮影

惑だった耕作者も前田の写真のような風景を創造するようになる。多少の問題が残るものの、農業と観光との共存ができあがり、美瑛はゼロから有数の観光地に発展した。前田は残念ながら、１９９８年に亡くなった。しかし、前田の写真は町内の「拓真館」で見ることができる。

あるいはハイジと似ているのは、富良野市だろうか。１９８１年の『北の国から』のテレビ放映は、富良野の自然やきびしい自然に立ち向かい生きていく姿、子どもたちの成長を伝え、視聴者に感動を与えた。美しい自然の地で生活するには、景色のすばらしさよりも厳しさを教えた。すでに作家倉本聰は、１９７４年に富良野に移住し、開拓民の自然との闘いを知っていた。テレビはそれをよく伝えた。『北の国から』の出足は良くなかったが、最後のころには、視聴率は20%を超えた。それに気をよくして、１９８３年から２００２年の間に、『北の国から』のドラマスペシャル８編が、子どもたちの成長を描きながら放映された。

８編はいずれも、視聴率20%を超えるものだった。１９８４年から倉本は、脚本家や俳優の養成塾「富良野塾」を開きながら、富良野を活動拠点にした。行政も在住の倉本の考え方を学びながら、富良野のまちづくりを推進する。それが富良野の魅力の持続性につながっている。スキーヤーには富良野市は知られていたが、『北の国から』で、観光地として全国に知られることになった。

やや観点は違うが、映画が果たした役割をほかに2点、紹介したい。１９９８年、所沢市を舞台に映画化された『となりのトトロ』のお陰で、狭山丘陵の自然を守る会は、１９９１年に「トトロふるさと基金」を設け、今日までずっとその基金で、山林や湿地などの土地の購入が進展している。

もう1点、フィンランドを舞台に、日本でも１９６９年と１９９０年にテレビ放映された、世界中に知られている『ムーミン』である。ムーミンを具現化したテーマパークが、２０１９年に飯能市で「ムーミンバレーパーク」として開園している。

③青森県新郷村キリストの墓

ルルドが長崎県下五島井持浦教会にもあることは上述したが、ちょっと変わったキリストの墓を紹介しよう。日本にキリストの墓があるのを知っているだろうか。私はかなり早い段階の１９６９年に十和田湖の調査で金田一温泉に抜けるときに、キリストの墓があるのを知っていたので訪れた。

ふたつの土まんじゅうがあった。ひとつがキリストの墓で、もう一つがキリストの弟イスキリとマリアが葬ってあるという。ここは青森県新郷村《しんごうむら》戸来《へらい》で、１９６５年の合併前は戸来村で、村名「戸《へ》来《らい》」もヘブライに関係があるというのである。

さかのぼる１９３４年、十和田湖が国立公園になりそうであると聞いた村長が、画家鳥谷を招いて村内を宣伝することにした。同行した友人の竹内巨麿が、茨城県北茨城市の竹内家の古文書にキリストの墓のことが書かれていた。竹内は１９３５年、戸来を訪れて墓所館というところにあったふたつの丸い塚、これこそキリストの墓と突き止めた。１９３６年には考古学者の一団がキリストの遺書を発見。このことは書物にも取り上げられた。こうしてキリストの墓が世間に知られようとしたときに、戦争となってしまった(www.vill.shingo.aomori.jp/sight/sight_main/kankou/sight-christ)。

戦後、１９６４年に村の商工会と観光協会が、キリスト祭を開催した。やおよろず、すべての神を受け入れる神道式で厳かに儀式を行い、墓の前で獅子舞や盆踊りを繰り広げた。次第に、奇祭としてテレビやガイドブックに採り上げられるようになった。ＳＮＳでも拡散し、今では祭りのときには数百人の観光客が訪れるという。私は初めて訪れたとき、こんな馬鹿げたもの、噴飯ものとあきれてしまったが、今日、ウェブで見ると、ふたつの土まんじゅうには十字架があり、白い柵で囲まれて、きれいに整備されている。

村は「キリストの里公園」として周辺を整備して、なぜ、この地にキリストの墓があるのかを説明する伝承館もある。村人の誰もがキリストの墓であるとは信じていないが、イベント、観光資源として楽しんでいるようである。

考えてみれば、日本各地にある天照大御神、その血をひく神武天皇が祭神となっている橿原神宮《かしはらじんぐう》など、各地にその関連の史跡があるが、天照大御神、神武天皇はその存在と関連する地域はどこまで事実であるだろうか。聖地エルサレムもキリストが埋葬されたという確証はない。しかし、どのようにして聖地になっていったのだろうか。

このように戦前はともかく、戦後１９６４年からはじまったキリスト祭はすでに半世紀を超え、聖地になる可能性もゼロではない。しかし、ここが聖地になるのは、ルルドの住民がベルナデットを支えたような事実を外部が認めたり、日本のキリスト教信者からの支えがない限り、奇祭として持続するのが精一杯であろう。

おわりに

コンテンツを活用し、観光振興および地域活性化の研究と実践を目的に設立した、「コンテンツツーリズム学会」も、日本学術会議協力学術研究団体に名を連ね、２０２１年に設立10周年を迎える。２０１４年には『コンテンツツーリズム入門』を上梓した。本書は、学会で取り組んだ第2弾の書籍となる。登場するコンテンツは、小説、マンガ、アニメ、映画、テレビドラマだけではなく、ゲーム、動画、絵ハガキなども登場する。

コンテンツの幅はとても広い。まだまだ気がついていないコンテンツがあるはずである。それらが人の移動、楽しみの旅、すなわちツーリズムという現象につながっている。学会のメンバーがそれらをテーマに、それぞれの立場、興味、学問領域から執筆した。私個人としては、全部を読んでもらうとうれしいが、興味のあるところだけを読んでもらってもいい。

本書の中でも登場するが、イギリス・ロンドンにあるベーカー・ストリートは、世界中からシャーロック・ホームズファンが訪れる聖地となっている。アーサー・コナン・ドイルの『シャーロック・ホームズシリーズ』で、主人公の私立探偵シャーロック・ホームズが住んでいた下宿のあった場所である。「聖書に次ぐベストセラー」と評され、世界中の人々に読み継がれる推理小説であり、小説を読んでその舞台を訪れていると考えられるが、この作品を原作としてヒットした映画、テレビドラマは数知れない。舞台、アニメ、ラジオドラマ、ゲーム、人形劇にまで広がっていて、世代や国・地域によって接したコンテンツは異なるとも考えられる。ひとつの物語にさまざまなコンテンツが生まれている。

東京都の多摩地域南部の日野市は、「新選組のふるさと」と呼ばれている。「日野宿」はかつて甲州街道の宿場町として繁栄していた。新選組の副長として活躍した土方歳三の出身地であり、近藤勇、沖田総司らが剣術の腕を磨いた天然理心流佐藤道場があった地である。日野への来訪者が多くなったのは、２００４年に放送されたＮＨＫ大河ドラマ『新選組！』からであるという。

近年は、若い人や外国人が数多く訪れるようになった。日野を訪れる動機を創ったコンテンツは、一体どんなものなのだろう。小説では、司馬遼太郎の『新選組血風録』『燃えよ剣』をはじめ、新選組をテーマにした小説は１００以上ある。映画もまた多い。その時代のスターが新選組を演じている。テレビドラマも強烈で、頻繁にドラマ化され、その都度、注目を集めている。マンガも数多く、アニメもヒット作になっている。ゲームも、ウォーシミュレーションゲームなど多数ある。日野は、歴史上の人物と言うよりも、さまざまなコンテンツでスターとして登場する土方歳三の「聖地」になっている。

日本における庶民の楽しみを求めた旅のはじまりは江戸中期とされ、伊勢参りに代表される寺社参詣と温泉地で長逗留する湯治が盛んに行われた。すでにその頃から、十返舎一九の滑稽本『東海道中膝栗毛』は広く庶民に読まれ、安藤広重の『東海道五十三次』、葛飾北斎の『富嶽三十六景』は絵で、松尾芭蕉『奥の細道』は俳句で旅に誘った。当時、流行った『名所図絵』は、各地の名所や温泉場を紹介している。

明治期になると、日本人は寺社参詣の延長上に神社仏閣巡り、湯治の延長上に温泉保養旅行を楽しむようになる。さらに、西洋の思想が日本に浸透していく中で、日本人の自然に対する認識の変化や風景という概念が生まれ、新たな旅行目的として自然景観鑑賞が加わる。イギリス人宣教師、ウォルター・ウェストンの著書『日本アルプスの登山と探検』がきっかけとなったと言われている。旅行の動機、目的は時代とともに変化、増加をしていく、そこにはいつも時代を代表するコンテンツがかかわっている。

世界中の人から「南国の楽園」と認識されているハワイも、19世紀、ヨーロッパ文明からの逃避し来島した芸術家たちの絵画が欧米へ渡った頃からはじまり、ワイキキやダイアモンドヘッドなどの風景写真、先住民のフラ・ガールや物珍しい風習を撮した絵ハガキがそのイメージを広げていった。ハワイアン音楽の流行も大きな要素となる。ラジオ、映画、テレビはその後のできごとである。まだ見ぬ地への観光のはじまりは、何らかのコンテンツとの出会いからはじまるのだろう。

2020年、世界中から観光が消滅した。観光資源がなくなったのではない。観光資源に出会うための移動ができなくなってしまったのだ。国内旅行も日本人の海外旅行も、インバウンドも、必ず以前の姿に戻り、再び拡大し続けるに違いない。読者のみなさんが本書を読んでいるときは、すでにそうなっているとうれしい。

人間は一度味わった楽しみは、そう簡単には手放さない。旅は自由な人間が獲得した最大の楽しみだからである。観光資源は日本中、世界中に数限りなくある。どこかで触れたコンテンツの物語も目に見えないが、その観光資源のひとつである。

コンテンツツーリズムが、改めて持続可能な観光まちづくり、観光国づくりの大きなきっかけになってもらいたい。コンテンツツーリズムの原点は、作品への共感、作者への敬愛を前提とした知的冒険である。その冒険を楽しむ旅人たちが増え、国内外に「聖地」を作り、「未来の歴史遺産」が誕生していくことを期待したい。

本書が、近年注目を集めているコンテンツツーリズムの再発見、旅立ちへのきっかけになり、コンテンツツーリズム研究の深化のヒントになったとしたら幸いである。最後に、この出版企画をご快諾いただき、丁寧で、かつ迅速な編集をしていただいた生産性出版の村上直子さんに、改めて紙面を借りて心より御礼申し上げたいと思う。

コンテンツツーリズム学会副会長　安田亘宏

【注釈および参考文献】

01 「芸術文化を楽しむ」「作家のゆかりの地」「作品の聖地」から時代を歩く

【参考文献】

渡辺裕（２０１９）『まちあるき文化考：交叉する〈都市〉と〈物語〉』春秋社

Erich Kästner,1949, Das doppelte Lottchen, Dressler Verlag,Hamburg,高橋健二訳（１９６２）『ふたりのロッテ』岩波書店

Michael Bienert,2014, Kästners Berlin. Literarische Schauplätze. Verlag für Berlin-Brandenburg, Berlin.

Süddeutsche Zeitung
(https://ausgehen.sueddeutsche.de/ein-muenchner-kaffeehaus-mit-tradition-aus-dresden/)

02 「地域への扉を開く」人が観光行動に求める「特別な体験」とは何か

【注釈】

(1)岡本（２００９）pp・31-62。

(2)岡本（２０１３）p・54。写真や動画をアニメに登場するのと同じアングルで撮影、その際、元のコンテンツを持参して見比べながら撮影する場合も多い。

(3)「夏目友人帳公式サイト」および大方・岩崎・津村（２０２０）pp・25-27を参照。

(4)共同研究者の津村との取材が元になっている。大方・岩崎・津村（２０２０）第3章（津村著）pp・25-66にくわしい。

【参考文献】

岩崎達也・津村将章（２０１８）「高関与旅行者の行動分析：『夏目友人帳』における聖地巡礼行動を事例として」『産業経営研究所報』50、pp・63-81、九州産業大学産業経営研究所

岩崎達也・大方優子・津村将章（2018）「アニメ聖地巡礼におけるリピート行動分析：『夏目友人帳』熊本県人吉市における巡礼行動を事例として」『コンテンツツーリズム学会論文集』5、pp・12-24
岡本健（2009）『アニメ聖地巡礼の誕生と展開、メディアコンテンツツーリズム』CATS叢書(1) pp・31-62
岡本健（2013）『n次創作観光 アニメ聖地巡礼／コンテンツツーリズム／観光社会学の可能性』NPO法人北海道冒険芸術出版
大方・岩崎・津村（2020）『アニメ聖地巡礼の行動特徴と地域施策――事例からの考察――』九州産業大学産業経営研究所叢書　九州大学出版会
国連世界観光機関（UNWTO）公式ホームページ（2021年1月11日閲覧）https://unwto-ap.org/
酒井亨（2016）『アニメが地方を救う!? 「聖地巡礼」の経済効果を考える』ワニブックスPLUS新書
司馬遼太郎（2008）『街道をゆく3　陸奥のみち、肥薩のみち』朝日新聞出版
夏目友人帳公式ホームページ（2020年7月13日閲覧）http://www.natsume-anime.jp/
人吉市公式ホームページ（2020年5月15日閲覧）https://www.city.hitoyoshi.lg.jp
緑川ゆき（2005年～2015年）『夏目友人帳』白泉社　1巻～19巻
「夏目友人帳・探訪ノート　No・1～No・13」（2011年8月～2015年10月）、人吉市・「田町菅原天満宮」設置
山村高淑（2008）「観光情報革命時代のツーリズム（その1）～観光情報革命論（序）～」『北海道大学文化資源マネジメント論集』
山村高淑（2014）「『アニメ聖地巡礼』と『コンテンツ・ツーリズム』：作品への愛と旅することの本質について考える」「全国アニメ聖地サミット in 豊郷　基調講演レジュメ」
Cohen, Eric (1979) = 1998遠藤英樹訳：「観光経験の現象学」『研究季報 第9巻第1号』
D・J・ブーアスティン（1962）『幻影（イメジ）の時代―マスコミが製造する事実』星野郁美、後藤和彦 訳 現代社会科学叢書

03 「経済と文化継承に貢献する」ゲームがいざなう「刀剣を巡る」旅

【注釈】

(1)現在は「刀剣女子」という言葉は使われていない。刀剣好きに性別は関係ないという背景がある。

(2)このデータに関するコンテンツ産業とは、動画、静止画・テキスト、ゲーム、音楽、音声、複合型（注：インターネット広告・モバイル広告）とする。

(3)広告の複合型は除く。

(4)他にもグッツなどの玩具産業からファッション、飲食業など様々な異種業への波及効果が大きい分野である。

(5)刀剣には、短刀、脇差、打刀、太刀、大太刀、槍、薙刀、剣の8種類がある。

(6)２０１８年12月31日〜２０１９年11月3日の集計。

(7)ミュージカル・バレエ・舞踏舞踊・オペラ声楽・舞台エンターテインメント・演劇・伝統芸能・フェスティバルのカテゴリーである。

(8)2位には２０２０年６月に発売されたばかりの「舞台『刀剣乱舞』蔵出し映像集 日日の葉よ散るらむ篇（Blue-ray）」、3位は「舞台『刀剣乱舞』維伝 朧の志士たち（ＤＶＤ）（２０２０年４月）」、4位に「舞台『刀剣乱舞』慈伝日日の葉よ散るらむ（２０１９年４月）」、7位「舞台『刀剣乱舞』義伝 暁の独眼竜（２０１７年１０月）」、8位「舞台『刀剣乱舞』維伝朧の志士たち（Blue-ray）（２０２０年４月）」、10位が「舞台『刀剣乱舞』蔵出し映像集 日日の葉よ散るらむ（ＤＶＤ）（２０２０年６月）」である。

(9)5年ごとに区切ったのは、ゲーム配信以降が２０１５年から２０２０年現在で5年であるため、5年ずつとしている。また、２０２０年7月17日時点の検索データである。

(10)ニコニコ動画などでも配信され、ＤＶＤとBlue Rayでも販売されている。「おっきいこんのすけ」は、狐のような容姿の『刀剣乱舞』の宣伝隊長である。元々は、ゲーム内で「こんのすけ」というキャラクターがおり、ゲーム進行などの説明をはじめとして様々な場面で登場する。それがリアルな世界に飛び出したものが、「おっきいこんのすけ」で『刀剣乱舞』のイベントなどに出演している。

(11) 元々は社会学者のライト・ミルズ（1963）が使用した概念で、一般大衆は、エリートである芸術家や科学者などの文化的な職業に従事する集団が作り出すレンズによって社会のイメージや出来事を解釈していくという意味で使用されていた。近年は、文化装置が作りだすレンズを通して、人びとが社会や対象物をイメージしたり、解釈したりするという意味で使用されている概念である。

(12) これに関しては、すでに増淵（2009）が指摘している。

(13) 文化だけではなく、医療、福祉、教育、環境なども含まれている。

［参考文献］

経済産業省商務情報政策局監修（2018）『デジタルコンテンツ白書2019』一般社団法人デジタルコンテンツ協会

足利市役所・提供資料（2017）「『足利市×刀剣乱舞――ONLINE――』コラボレーション企画実施ご報告書」

Kadokawa Game Linkageマーケティング部編（2020）『ファミ通モバイルゲーム白書2020』角川アスキー総合研究所

清水麻帆（2018）「コンテンツツーリズムにおける再訪要因に関する計量的分析――鳥取県岩美町『Free!』の事例研究より――」『コンテンツツーリズム学会』vol・5 pp・47-57

清水麻帆（2021）「ゲーム『薄桜鬼』を介した東京日野市の地域振興」『地域人』大正大学出版会 第65号 pp・48-52

Gzブレイン・マーケティングセクション編（2018）『ファミ通ゲーム白書2019』角川アスキー総合研究所

増淵敏之（2009）「コンテンツツーリズムとその現状」『地域イノベーション』vol・1 pp・33-40

宮本憲一（1999）『都市政策の理想と現実』有斐閣

Mills, Wright（1963）"*Power, Politics, and People,*"Oxford University Press, 1963. 青井和夫・本間康平監訳（1971）『権力・政治・民衆』みすず書房

Amazon：https://www.amazon.co.jp/gp/bestsellers/dvd/12842321/ref=zg_bs_nav_d_1_d（2020年6月9日参照）

岡山県瀬戸市：https://setouchi-cf.jp（2020年7月18日参照）

キャンプファイヤー：https://camp-fire.jp/projects/view/119435（2020年7月30日参照）

国会図書館：https://www.ndl.go.jp（２０２０年7月17日参照）
産経ニュース：https://www.sankei.com（２０２０年6月9日参照）
新紀元社：https://twitter.com/shinkigensha（２０２０年6月13日参照）
DMM.com：http://games.dmm.com/detail/tohken/（２０２０年6月9日参照）
TOKYO MX: https://s.mxtv.jp/variety/touken_sanpo/（２０２０年7月21日参照）
２・５次元ミュージカル協会：https://www.j25musical.jp（２０２０年7月20日参照）
毎日新聞：https://mainichi.jp（２０２０年6月20日参照）
ピア総研：https://corporate.pia.jp/news/detail__live_enta20190704_25.html（２０２０年7月20日参照）

04

「行政の応援を武器にする」観光伝道師の役割を果たすユーチューバーたち

【参考文献】

臺純子・幸田麻里子・崔錦珍（２０１８）「ファンツーリズムの基本的構造――アイドルファンへの聞き取り調査から」『立教大学観光学部紀要』⑳ 123-131
濱野智史（２００８）『アーキテクチャの生態系――情報環境はいかに設計されてきたか』ＮＴＴ出版

05

「次世代へつなぐ」「地域に根づくコンテンツ」を継承する

【注釈】

⑴長野県大町市木崎湖を舞台とした「おねがい☆ティーチャー」「おねがい☆ツインズ」の制作スタッフが多く入り、事実上の「おねがい」シリーズ続編とされる。２０００年代前半、この木崎湖への聖地巡礼観光行動もアニメにおけるコンテンツツーリズムとして注目された。このときの10代後半であったファン層が20～30代となり、社会人として学生時代より旺盛な資金力、行動力で「なつまち」の活動を支えたという時系列のつながりも特色である。

(2)小山田いく（本名、田上勝久）は1956年小諸市に生まれ、市内で中学校まで過ごし長野工業高等専門学校に進学した。卒業後の1979年本名で描いた『五百羅漢』（『別冊ビッグコミック』12月1日号）で公式に漫画家デビュー、さらに同年、『12月の唯』（第13回「週刊少年チャンピオン新人まんが賞」佳作）で小山田いく名義に変更し『週刊少年チャンピオン』にてデビューした。

(3)社会化とは、たとえば濱嶋朗・竹内郁郎・石川晃弘編、『社会学小辞典　新版』有斐閣（1997）246-247によれば「大別して、つぎの三つの意味で用いられる。(1)形式社会学の中心概念として、諸個人の相互作用により、集団や社会が形成され可能となる過程（Vergesellschaftung, sociation）、(2)生産（活動）や育児などの事象が、私的な形態から社会的・共同的なものへと変えられること（Sozialisierung）、(3)個人が他者との相互行為を通して、諸資質（…246）を獲得し、その社会（集団）に適合的な行動のパターンを発達させる過程、つまり、人間形成の社会的な過程（socialization）。http://tanemura.la.coocan.jp/index.html より参照

本章における「社会化」という言葉の含意は「」書きであることで、言うまでもなく比喩的である。もちろん漠然としたイメージだけで使っているのではない。上記(1)~(3)の意味は社会学を基本に政治学経済学心理学など複数の学問をベースにした解釈がありお互いに関係している。その解釈する含意で、小山田いくファンという狭い「社会」に照らし合わせて、また現実「社会」との関係性を考察する時、やはり的確なことばに思われるのである。

(4)筆者もまた小山田いくのファンであり小諸に昔から何度も訪れたことがある。そのため本節の事象については役場などへのヒヤリングだけでなく、追悼展やファン集会への参加などを通じて関係者各位の様々な言動を直接見聞する機会も得ている。

ただし筆者は小山田いくプロジェクトのメンバーではないし、古参のビックネームファンでもない。執筆に当たり各位の証言を尊重する一方で、事実関係を踏まえてコンテンツツーリズム研究という視角でそれを客観的に診る立場を留意した。

同じ事象でも、もちろん人間関係もあり、各位の立場によって言い分があることは重々承知しているが、いずれの立場に立つのではなく「小山田いくの文化遺産継承」という問題を大局的に論じさせていただいたつもり

である。

【参考文献】

花岡隆太・柿崎俊道「聖地会議10」（同人誌・聖地会議・2016）
風呂本武典「地方におけるコンテンツツーリズムと自治体との関係――富山・長野を事例に――」（広島商船高等専門学校紀要第37号・2015）
風呂本武典「『たまゆら』――ミニハリウッド型コンテンツツーリズム」・釜石直裕・岡本健「『あの夏で待ってる』――コンテンツツーリズムにおけるフィルムコミッションの役割」（岡本健編著「コンテンツツーリズム研究」福村出版・2015・2018）
宗像宏之「ファンの力が活きる！　小諸における聖地巡礼のムーブメント～昔、いま、そして未来～」（グリーンエイジの交差点2020講演会資料・2020）

06 「計画的に観光客を招く」経済効果は数百億円！ 大河ドラマが呼び水に

【注釈】

⑴玉名いだてんマラソン2020と2021は、新型コロナウイルス感染症の影響で中止および延期が発表された。

【引用・参考文献】

中国地方総合研究センター（2013）『季刊中国総研』Vol・17-1　No・62
NHKアーカイブス「NHK放送史 大河ドラマとは」
https://www2.nhk.or.jp/archives/taiga/about/（2020年8月1日閲覧）
NHK出版編（2011）『NHK大河ドラマ大全』NHK出版
鈴木嘉一（2011）『大河ドラマの50年』中央公論新社
中村忠司（2018）「大河ドラマを活用したシティプロモーションについて」コンテンツツーリズム学会『コンテンツツーリズム学会論文集』Vol・5

他各市町村および観光協会のホームページや観光パンフレット、行政文書、新聞記事などを参考にさせていただきました。

07 「息の長さで勝負する」有力な観光資源を宝物として守る

【注釈】

(1)歌枕とは、和歌の題材とされた日本の名所旧跡のことを指す。増淵（2010）によると、旅という行為および概念が生まれた平安時代には、歌に詠まれた地名を巡る旅が行われていたという。

(2)国土交通省の公式サイトには「東海道の誘い」の中で「東海道中膝栗毛」について言及するページがあり、「当時多くの庶民や武士が東海道や伊勢詣での旅を経験し、この本にその思い出を重ね合わせ、あるいは旅へあこがれる広範囲な読者層の共感を呼んだという意味で、道中記の国民文学といえる」と評している。

(3)ニューツーリズムとは、画一的なマスツーリズムと対比される新しい旅行の形態を指し、エコツーリズム、グリーンツーリズム、ヘルスツーリズムなどが挙げられる。コンテンツツーリズムもその中の一つに数えることができる。

(4)尾崎紅葉は明治時代を代表する文豪であり、俳人としても知られている。1868年に江戸の芝中門前町に生まれ、早くから詩作に嗜んだ。1888年、帝国大学（現在の東京大学）に入学、翌年中退したが、在学中から読売新聞社に入社し、同紙上を中心に小説を発表していく。幸田露伴とともに明治期の文壇の重鎮となり、紅露時代と呼ばれる時期を現出した。

(5)真鍋（1994）によると、『金色夜叉』が長期にわたって掲載され続けたのは読者からの強い要望によるものであり、その理由として、新聞連載小説という形式が「投書」による読者からの要望を許すものであったからであるとしている。

(6)「来年も僕の涙で必ず月を曇らして見せる。月が曇ったらば、貫一は何処かでお前を恨んで今夜のように泣いていると思ってくれ。」という、恨み言が込められた台詞である。原著では長文であるが、演劇や舞台の台詞では簡略化されている。

(7)青空文庫は、著作権が消滅した作品や、著者が許諾した作品のテキストを収録した電子図書館で、インターネット上で公開されている。『金色夜叉』も著作権が消滅してパブリックドメインになったため、青空文庫に採録されている。

(8)天野（２０１４）によると、小説の文章だけでは脆弱だった『金色夜叉』と熱海との結びつきは、メディアミックス的な展開を通して強化されていったという。

(9)熱海市史によると、この松は江戸時代初期の１６４５年に老中の松平信綱が植えたという記録があり、樹齢は約３００年に達する老松であるが、晩年には『金色夜叉』の世界観の中に取り込まれた格好である。

(10)天野（２０１４）によると、１９２０年８月２日の読売新聞で、失恋したと思われる妙齢の美人が「金色夜叉の碑」の前で海中に投身自殺を企てたことが報じられたことを皮切りに、熱海での自殺や心中にまつわる報道が増えていったという。

(11)絵ハガキは１８７０年頃のドイツに起源を発するとされ、19世紀末には欧米各国で発行されるようになった。日本における絵ハガキは、１９００年に私製ハガキ発行を許可する逓信省令が出されたことよりはじまる。

(12)小川（１９９０）が当時の絵ハガキ目録等から取りまとめた集計による。観光地では、人の手で彩色されたカラー絵ハガキが人気を集めたという。

(13)柏木（２０００）の研究によると、人々は絵ハガキであらかじめ観光地の風景を知り、その風景を確認するために旅行に赴くという現象が生まれたという。

(14)「清琴楼」公式サイトによると、「佐野屋」は「金色夜叉」が執筆された場所であり、小説のモデルにもなったことから、尾崎紅葉の遺族の了解を得て「清琴楼」に改名した。

(15)平成の貫一は、美也（お宮）を足蹴にはせず、代わりに「怒ってすむなら簡単だよな」と泣いてスマートフォンを海に投げている。『黄金夜界』は２０１９年に中央公論新社から単行本が刊行されたが、著者の橋本治氏は同年に逝去し、遺作になってしまった。

【参考文献・参考サイト】

青空文庫『金色夜叉』https://www.aozora.gr.jp/cards/000091/files/522_19603.html
熱海市観光協会 公式観光サイト「お宮の松／貫一お宮の像」https://www.ataminews.gr.jp/spot/113/
熱海市公式サイト「お宮緑地／お宮の松」https://www.city.atami.lg.jp/kanko/kankoshisetsu/1001832/1001835.html
熱海市史編纂委員会編（1967）『熱海市史 上巻』熱海市
熱海ネット新聞2019年1月17日記事「第二の故郷熱海で遺族の願い叶う 尾崎紅葉「記念碑」、お宮の松前で除幕式」https://atamii.jp/today/104295/
天野宏司（2014）「熱海におけるコンテンツ・ツーリズムの普及――金色夜叉を事例にして――」『歴史地理学』56(1) pp・32-49
小川寿一（1990）『日本絵葉書小史（明治編）』表現社
柏木博（2000）『肖像のなかの権力 近代日本のグラフィズムを読む』講談社
かわいいフリー素材集いらすとや「金色夜叉のイラスト」https://www.irasutoya.com/2018/04/blog-post_377.html
塩原温泉「清琴楼」http://www.seikinro.co.jp/
北澤尚・許哲（2008）「『金色夜叉』本文の国語学的研究――前編・中編について――」『東京学芸大学紀要人文社会科学系Ⅰ』59 pp・1-50
国土交通省関東地方整備局 横浜国道事務所公式サイト「東海道への誘い」https://www.ktr.mlit.go.jp/yokohama/tokaido/index.htm
国土交通省・経済産業省・文化庁編（2005）『映像等コンテンツの制作・活用による地域振興のあり方に関する調査』国土交通省総合政策局観光地域振興課・経済産業省商務情報政策局・文化情報関連産業課・文化庁文化部芸術文化課
金色夜叉オルタナティブ公式サイト（劇団レトルト内閣）https://www.retoruto.com/alternative/
増淵敏之（2010）『物語を旅するひとびと――コンテンツ・ツーリズムとは何か――』彩流社
真鍋正宏（1994）「尾崎紅葉『金色夜叉』／流行と文学性について」『言語文化研究』1 pp・31-46

毛利康秀（2017）「観光資源としてのコンテンツの再検討および近代観光の発達に及ぼした絵葉書の影響に関する歴史社会学的研究」『コンテンツツーリズム学会論文集』Vol・4 pp・13-23
読売新聞データベース「ヨミダス歴史館」https://database.yomiuri.co.jp/rekishikan/
（参考サイトの最終閲覧日：2020年8月31日）

08 「観光業界に風を吹かせる」映画ロケ地が「誘客」「感動」の源泉として注目

【注釈】

(1)フィルムコミッションとは、映画やテレビ、CMなどの撮影を誘致し、撮影を円滑に進めるための支援をする機関である。現在は全国で300以上ある。世界初のフィルムコミッションは、1940年代にアメリカのユタ州で設立されている。

(2)クリーク&リバー社『コンテンツ・プロデュース機能の基盤強化に関する調査研究 国際展開』（2004）による。

(3)フランスの「ユニフランス・フィルム・インターナショナル」（フランス文化・通信省 外郭団体）、イギリスの「ブリティッシュ・フィルム・インスティテュート」（BFI）、EUの「MEDIAプログラム」、「コリアン・フィルム・コミッション」（KOFIC・韓国映画振興委員会）など。

(4)トニー・リーヴス著、齋藤敦子監訳（2004）『世界の映画ロケ地大事典』晶文社

(5)特定非営利活動法人ジャパン・フィルムコミッションの「日本国内におけるロケ撮影の現状と課題」（2017）による。

【参考文献】

クリーク&リバー社（2004）『コンテンツ・プロデュース機能の基盤強化に関する調査研究 国際展開』経済産業省
デジタルコンテンツ協会（2018）『デジタルコンテンツ白書2018』
トニー・リーヴス、齋藤敦子監訳（2004）『世界の映画ロケ地大事典』晶文社

増淵敏之・溝尾良隆・安田亘宏他（２０１４）『コンテンツツーリズム入門』古今書院
松岡圭祐（２０１５）『ジェームズ・ボンドは来ない』ＫＡＤＯＫＡＷＡ
安田亘宏（２０１５）「日本のシネマツーリズムの変遷と現状」『西武文理大学研究紀要第26号』西武文理大学
内閣府・総務省・観光庁、日本映画製作者連盟、日本映画データベース、キネマ旬報映画データベース、公益財団法人ユニジャパン、映画.com、Filmarks 映画、各映画公式サイト、関係自治体のＨＰなどを参考にしました。

09 「コンテンツの魅力を伝える」聖地准巡礼への扉を開く古典的名著

【参考文献】

石橋正孝（２０１６）「二次創作」に抗する「二次創作」――蓮實重彥『「ボヴァリー夫人」論』の「序章　読むことのはじまりに向けて」と「I　散文と歴史」を読む」、『論集　蓮實重彥』羽鳥書店
石橋正孝（２０１７）「なぜシャーロック・ホームズは「永遠」なのか――コンテンツツーリズム論序説」、〈群像〉二〇一七年十二月号
石橋正孝（２０１９）「絵画・推理・歴史――シャーロック・ホームズの「歴史戦」」、〈群像〉二〇一九年四月号
エーコ、ウンベルト（１９９０）「角、蹄、甲」、『三人の記号――デュパン、ホームズ、パース』東京書籍
エーコ、ウンベルト（１９９７）『物語における読者』青土社
江戸川乱歩（２００６）『探偵小説四十年　上』光文社文庫
佳多山大地（２０１９）『トラベル・ミステリー聖地巡礼』双葉文庫
ギンズブルグ、カルロ（１９８８）『神話・寓意・徴候』せりか書房
柴田元幸・西村義樹（２０２０）「ホームズの言葉」、〈モンキー〉二〇号
武田信明（１９９３）「眼のレッスン」、〈島大国文〉一九九三年三月
デイヴィース、バーナード（１９８８）「ベイカー街の裏庭」、『シャーロック・ホームズ17の愉しみ』河出文庫
コナン・ドイル（２００１）『恐怖の谷』河出書房新社

トゥルッツィ、マルチェロ（1990）「応用社会心理学者としてのシャーロック・ホームズ」、前掲『三人の記号』
ノックス、ロナルド（1988）「『ホームズ物語』についての文学的研究」、前掲『シャーロック・ホームズ17の愉しみ』
ノックス、ロナルド（2011）「シャーロック・ホームズ文献の研究」、植村昌夫『シャーロック・ホームズの愉しみ方』平凡社新書
蓮實重彦（2014）『「ボヴァリー夫人」論』筑摩書房
ボーストレム、マティアス（2020）『〈ホームズ〉から〈シャーロック〉へ――偶像を作り出した人々の物語』作品社
前田愛（1986）『幻景の街――文学の都市を歩く』小学館
松山巖（1984）『乱歩と東京』Parco出版

10 「個性ある聖地を目指す」模倣しやすいものは、すたれるのも早い

【参考文献・引用文献】

「男はつらいよ 寅さんDVDマガジン」編集グループ編（2013）『男はつらいよ 寅さんロケ地ガイド』講談社
川本三郎（1996）『荷風と東京 『斷腸亭日乗』私註』都市出版
コンテンツツーリズム学会（2014）『コンテンツツーリズム入門』古今書院
寺前秀一（2016）概念「楽しみ」のための旅」と字句「観光」の遭遇――ハイフン・ツーリズムの氾濫批判を兼ねて――」横浜市立大学論叢 社会科学系列 第68巻第1号
中島有香（1996）『映画に描かれた尾道のイメージ』1996年度立教大学社会学部観光学科卒業論文
野田宇太郎（1965）『日本の文学都市』角川文庫
羽生敦子（2020）巡礼地から観光巡礼地に至る変遷の一過程について：ルルドを事例として・白百合女子大学言語・文学研究論集 第20号 37-55p
前田愛（1992）『都市空間のなかの文学』ちくま学芸文庫

前田愛（2006）『幻景の街　文学の都市を歩く』岩波書店
丸山康則（1975）『旅の落書帳』日本生産性本部
溝尾良隆（1990）『観光事業と経営　楽しみ列島の創造』東洋経済新報社
溝尾良隆（1994）『観光読む　地域振興への提言』古今書院
溝尾良隆・井上晶子・徳田将史・秋山綾、（2012）「メディアと観光」メディア効果を継続させるための視点
——朝の連続テレビ小説、大河ドラマを通して」観光研究Vol・24・No・1
安島博幸・磯谷高至・服部隆雄・山本靖人（1991）「フランス映画にみるリゾートライフの諸相」日本観光研究者連合全国大会研究発表論文集No・6
安島博幸・上垣智弘（1992）「映画によるフロリダのリゾートイメージの解読」都市計画論文集No・27
安島博幸・下坂厚美（1993）「映画「緑の光線」にみるフランス人のヴァカンス感覚」日本観光研究者連合全国大会発表論文集No・8

[編著者紹介]

コンテンツツーリズム学会　The Academy of Contents Tourism

地域に「コンテンツを通じて醸成された地域固有のイメージ」としての「物語性」「テーマ性」を付加し、その物語性を観光資源として活用するコンテンツツーリズムの学術的研究、普及および事業化を視野に入れ実践活動を行う学術学会として2011年に設立。日本学術会議協力学術研究団体。https://contentstourism.com/

01　「芸術文化を楽しむ」「作家のゆかりの地」「作品の聖地」から時代を歩く

増淵 敏之（ますぶち としゆき）

コンテンツツーリズム学会会長・文化経済学会〈日本〉会長

法政大学大学院政策創造研究科教授

東京大学大学院総合文化研究科博士課程修了、博士(学術)。FM北海道、ソニーミュージックエンタテインメントなどを経て現職。著書に、『物語を旅するひとびと』(彩流社)『欲望の音楽』(法政大学出版局)『路地裏が文化を生む！』(青弓社)『ローカルコンテンツと地域再生』(水曜社)『「湘南」の誕生』(リットーミュージック) などがある。

02　「地域への扉を開く」人が観光行動に求める「特別な体験」とは何か

岩崎 達也（いわさき たつや）

コンテンツツーリズム学会理事

関東学院大学経営学部教授／法政大学大学院イノベーション・マネジメント研究科兼任講師

法政大学大学院政策創造研究科博士後期課程単位取得退学、修士(経営学)。博報堂、日本テレビ放送網、九州産業大学商学部教授を経て現職。鳥取市観光大使。著書に、『日本テレビの1秒戦略』(小学館)『メディアの循環　伝えるメカニズム』共編著（生産性出版）などがある。読売広告賞、グッドデザイン賞ほか受賞。

08　「観光業界に風を吹かせる」映画ロケ地が「誘客」「感動」の源泉として注目

安田 亘宏（やすだ のぶひろ）

コンテンツツーリズム学会副会長

旅の創造研究所所長

法政大学大学院政策創造研究科博士後期課程修了、博士(政策学)。JTB、JTB旅の販促研究所執行役員所長、西武文理大学サービス経営学部教授を経て現職。著書に、『食旅入門』（教育評論社）『食旅と観光まちづくり』(学芸出版社)『「澤の屋旅館」はなぜ外国人に人気があるのか』(彩流社)『観光サービス論』『フードツーリズム論』（古今書院）『インバウンド実務論』（泰文堂）などがある。

[著者紹介]

03 「経済と文化継承に貢献する」ゲームがいざなう「刀剣を巡る」旅

清水 麻帆（しみず まほ）
コンテンツツーリズム学会理事・文化経済学会<日本>理事
文教大学国際学部准教授

立命館大学大学院政策科学研究科博士後期課程修了、博士(学術)。立命館大学助手、日本学術振興会特別研究員(PD)、大阪市立大学グローバルCOE博士研究員、大正大学助教を経て現職。著書に「文化基盤としたレジリエンス—奄美の維持可能な発展への挑戦」『創造社会の都市と農村』（共著）などがある。2013年に日本都市学会論文賞受賞。

04 「行政の応援を武器にする」観光伝道師の役割を果たすユーチューバーたち

菊地 映輝（きくち えいき）
コンテンツツーリズム学会理事
国際大学グローバル・コミュニケーション・センター研究員・講師。

慶應義塾大学大学院政策・メディア研究科修了、博士(政策・メディア)。専門は情報社会における文化事象。主要論文に「コンテンツツーリズムとしての『街コス』」「オタク化するお台場」などがある。

05 「次世代へつなぐ」「地域に根づくコンテンツ」を継承する

風呂本 武典（ふろもと たけのり）
国立広島商船高等専門学校流通情報工学科准教授

名城大学大学院経済学研究科博士号、博士(経済学)。広島商船高等専門学校助手、講師、助教授を経て現職。著書に、『地域×アニメ』(共著、成山堂書店)『コンテンツツーリズム研究』(共著、福村出版)『フェリー航路は自動車道路』（成山堂書店）などがある。同書にて日本港湾経済学会北見賞受賞。

06 「計画的に観光客を招く」経済効果は数百億円!　大河ドラマが呼び水に

中村 忠司（なかむら ただし）
コンテンツツーリズム学会常務理事
東京経済大学コミュニケーション学部教授

法政大学大学院政策創造研究科修士課程修了、修士(政策学)。JTBコミュニケーションズ、大阪観光大学観光学部教授を経て現職。著書に、『新・観光学入門』(共著、晃洋書房)『旅行会社物語(共著)』などがある。

07 「息の長さで勝負する」有力な観光資源を宝物として守る

毛利 康秀（もうり やすひで）
静岡英和学院大学人間社会学部准教授
日本大学大学院文学研究科博士後期課程（社会学専攻）単位取得退学。修士（文学）実教出版、日本大学情報科学研究所研究員、日本大学・国士舘大学・高千穂大学非常勤講師などを経て現職。著書（共著）に、『コンテンツツーリズム研究』（福村出版）『現代社会学の射程』（日本評論社）『シティズンシップ論の射程』／（日本経済評論社）などがある。

09 「コンテンツの魅力を伝える」聖地准巡礼への扉をひらく古典的な名著

石橋 正孝（いしばし まさたか）
立教大学観光学部准教授
東京大学大学院総合文化研究科博士課程単位取得退学、パリ第八大学大学院博士課程修了、博士（文学）。立教大学観光学部助教等を経て現職。著書に、『大西巨人　闘争する秘密』『〈驚異の旅〉または出版をめぐる冒険』（左右社）など、訳書に『ジュール・ヴェルヌ〈驚異の旅〉コレクション』などがある。群像新人評論賞・日仏翻訳文学賞受賞。

10 「個性ある聖地を目指す」模倣しやすいものは、すたれるのも早い

溝尾 良隆（みぞお よしたか）
コンテンツツーリズム学会名誉会長
立教大学名誉教授
東京教育大学理学部地学科地理学専攻卒業、理学博士。財団法人日本交通公社主席研究員、立教大学観光学部教授・学部長、帝京大学経済学部地域経済学科教授等を経て現職。著書に、『観光学―基本と実践』（古今書院）『観光学の基礎』（原書房）『観光学と景観』（古今書院）『ご当地ソング、風景百年史』（原書房）などがある。

地域は物語で「10倍」人が集まる

2021年３月８日　初版第１刷
編　　著　増渕敏之　安田亘宏　岩崎達也
　　　著　溝尾良隆　中村忠司　風呂本武典　石橋正孝　毛利康秀
　　　　　清水麻帆　菊地映輝
発 行 者　髙松克弘
編集担当　村上直子
発 行 所　生産性出版
　　　　　〒150-8307　東京都千代田区永田町2-13-12
　　　　　日本生産性本部
電　　話　03(3511)4034
　　　　　https://www.jpc-net.jp/
印刷・製本　サン

乱丁・落丁は生産性出版までお送りください。お取り替えします。

ISBN978-4-8201-2116-9